教育部人文社会科学研究规划基金项目(项目批准号：18YJA760041)资助

乡村建设的文化自觉研究

Research on Cultural Consciousness of Rural Construction

屈云东　著

中南大学出版社
www.csupress.com.cn
·长沙·

屈云东

湖南永州人，无党派人士，哲学博士，中南大学建筑与艺术学院教授，中南大学品牌策略与设计研究中心主任，2015—2016年国家公派留英Wolverhampton大学高级访问学者。学术兼任国家社科基金、教育部人文社科基金项目评审专家，教育部学位中心博、硕论文评审专家，泰国东方大学艺术专业博士生导师，云南大学昌新国际艺术学院特聘教授、兼职硕导，中国美术家协会会员，中国艺术摄影学会会员，全国高等院校数字创意专业委员会委员。先后在《文艺研究》《装饰》《美术观察》《艺术百家》《当代电影》《求索》《湘潭大学学报(哲学社会科学版)》《湖南科技大学学报(社会科学版)》《吉首大学学报(社会科学版)》等CSSCI来源期刊发表学术论文(作品)二十余篇，出版《艺术设计审美基础》《美术鉴赏》《速写艺术研究》等个人学术专著和国家规划教材数十部，主持和参与完成国家社科基金项目、教育部人文社科规划基金项目、湖南省社科基金重点项目等国家级、省部级课题项目数十项。主要研究方向为设计学、艺术哲学。

前　言

当代中国乡村建设正处于全球化、现代化和多元文化影响的背景之下，乡村文化面临外来文化的强势入侵，呈现出一元与多元、本土与外来、文化普遍性与特殊性、全球化与民族化、主流文化与大众文化、理想主义与现实主义等复杂矛盾，乡村文化如何在面对这些复杂矛盾和文化大碰撞的张力关系中保持个性与特色、不迷失自我、不被他者文化同化就显得尤为关键。文化自觉回答了在全球化和世界多元文化并存、冲突、渗透与交融的趋势下，文化如何继承、如何发展、如何保护、如何建设以及如何和谐共存的问题。因此，现阶段乡村文化面临的矛盾问题凸显了乡村建设中文化自觉研究的重要性，特别是在国家“乡村振兴战略”的背景下，对文化自觉的研究有助于打破乡村的“文化冲突论”“西方霸权主义”“文化保守主义”“城市中心主义”等狭隘格局，在更为宏大的视域中探寻乡村多元文化之间的互动模式与不同思潮交集重组所产生的次元类型，从而为当下以“在多元文化碰撞中明辨真理，在多元文化互动中凝聚共识”为目标的乡村文化生态建设，为正确处理乡村文化与外来文化的关系，提供有益的借鉴。因此，乡村建设的文化自觉研究是新时代中国乡村建设的客观需要，是继续保持乡村传统文化生命活力和促进乡村文化多样性发展的本质要求，也是构建乡村社会和谐文化和实现乡村文化振兴的逻辑必然。

本书遵循“问题意识—哲学视域—多维建构—路径实现”的逻辑进路，探讨乡村建设中的文化自觉问题；研究从哲学视域中展开与建构，运用哲学的理论与方法，分别从乡村建设的文化自觉本体论、价值论、认识论和实践论层面，追问和回答乡村建设的文化自觉“是什么”“有何价值”“何以缺失”“何以实现”。这是对乡村建设的文化自觉的生成逻辑、本质内涵、考察维度、价值意义、认知发生、实践路径的解析与建构过程，也是乡村建设的文化自觉的研究逻辑使然，是本书提出问题、分析问题和解决问题的过程，目的在于揭示乡村建设的文化自觉从发生、发展到实现的规律与路径。本书重点探讨如何实现乡村建设的文化自觉，研究基于对乡村建设中文化自觉缺失的现状审视和根源剖析，提出了从乡村建设的“天、人、文、景、地”五个文化维度建构基于价值自觉、主体自觉、发展自觉、实践自觉和生态自觉的五位一体的“新时代中国乡村建设的文化自觉观”，以期服务于实现乡村文化价值重建、乡村建设的多元主体合力增强、乡村文化的传承创新、乡村本土文化场景的提升、乡村多元文化的和合共生的乡村建设目标。本书既是对文化自觉理论的拓展、深化与关照，也是对乡村建设和乡村文化大发展、大繁荣的内在需求的回应。

目　录

1

绪　论

1.1 问题的提出

问题是时代的声音。习近平指出:“每个时代总有属于它自己的问题,只要科学地认识、准确地把握、正确地解决这些问题,就能够把我们的社会不断推向前进。”[1]当前,我国乡村建设的文化自觉就是凸显时代主题的热点问题,乡村建设的健康发展离不开文化自觉,乡村建设的文化自觉研究这一命题的提出,正是对国家实施“乡村振兴战略”的积极回应,以期探索全球化进程中乡村建设的文化问题解决之道,为新时代中国乡村建设贡献智慧。

1.1.1 全球化语境下乡村本土文化复兴的诉求

改革开放以来,我国乡村政治与经济建设均取得了长足进步,但是乡村文化建设却相对滞后,特别是在全球化背景之下,乡村本土文化正面临发展困境甚至日渐衰败。那么,有中国特色的乡村建设之路怎么走?如何才能更好地实现乡村振兴?其中很重要的一条,就是必须复兴乡村本土文化,走乡村本土文化兴盛之路,夯实乡村振兴的精神基础。当前,“全球”的问题依然事关乡村,因为全球资本主义在乡村早就无处不在了,所以我们对待乡村问题就要有一种“全球意识”。然而西方的资本主义和现代主义逻辑是以不平衡发展为特点,其“殖民化”起点和“全球代价转嫁”路径也是以发展中国家的持续贫困为代

[1] 习近平.之江新语[M].杭州:浙江人民出版社,2013:235.

价，因而难以被非西方国家所复制与借鉴[1]。在西方生产要素输出到发展中国家的同时，西方文化权利与价值观也会随之对输入国产生影响甚至植入输入国文化之中，使得其乡村本土文化面临外来文化的侵入、交锋与交融。在这种多元文化的碰撞中，乡村本土文化的地位与作用凸显，我们更是需从当代中国文化的发展战略高度来认识和思考乡村本土文化问题。2018 年中央一号文件强调乡村振兴是“应对全球化挑战的压舱石”[2]。这充分说明了乡土中国已被视为克服中国与全球资本主义整合过程中所带来的外部性危机的最大安全阀和经济危机软着陆的载体。因此，在全球资本主义面临多重危机的背景下，我们克服当下西方文化裹挟了的文化危机和发展主义陷阱，需要加强乡村文化建设，复兴乡村本土文化，以应对外部性风险，助推乡村走出一条对内城乡文化互补、对外反对西方文化霸权主义的良性发展道路，实现适合中国乡村自身特色的可持续的包容性发展，这不仅涉及中国未来，也事关世界未来。

1.1.2 对当代乡村建设中文化缺失问题的反思

文化自觉问题之所以能引起学术界广泛的关注并达成共识，是因为它表达了当前学术界对经济全球化的反应，是人们希望了解世界文化语境，使自己的文化成为世界文化不可或缺的组成部分。这种对自身文化深刻反思和总结的过程，就是一种文化上的自觉，同时，作为一种自觉的理论话语，其号召力、生命力皆因它深深根植于人类发展的文化实践[3]。文化自觉也是推动当代乡村建设发展的内在动力。乡村建设的文化自觉的命题提出有其深刻的实践基础，更有重大的现实针对性，这缘于当前中国乡村建设发展正处于严重的文化缺失状

[1] 温铁军，邱建生，张俊娜. 理性看待全球危机，自觉转向生态文明[J]. 福建农林大学学报(哲学社会科学版)，2015，18(04)：1-4.

[2] 2018 年中央一号文件公布全面部署实施乡村振兴战略[N]. 新华社，2018-02-04.

[3] 任洁. 文化自觉的实践根基[J]. 探索与争鸣，2007(03)：22-24.

态。笔者认为，这种文化缺失主要表现为在西方文化霸凌主义、美国文化帝国主义、城市文化霸权等外来文化的强势植入下，造成乡村建设中的文化实践理性缺失、文化前瞻性和批判性丧失、文化主体性以及文化公共性缺失等问题，乡村建设面临传统文化价值体系解体、传统村落消失、传统文化失语、原生态文化语境弱化或同化、文化主体性不足、乡村多元文化生态失衡等问题。正是因为这些乡村建设中的文化缺失，所以才有了唤起乡村建设的文化自觉的必要性。因此，从文化自觉的视角来反思和认识当代乡村建设，就必须解决当前乡村建设中的文化缺失的问题。在乡村文化的现代转型与重构中，也只有将文化缺失转变为文化自觉，才能真正建构起适合当代乡村建设可持续发展的文化生态空间。

1.1.3 基于传承与弘扬乡村优秀传统文化的呼唤

中国是一个传统农业大国，中华传统文化的根脉在乡村而非城市，乡村是中华传统文化彰显与传承的载体。乡村文化是中华民族文明史的主体和中华民族共同的集体记忆与精神家园，乡村优秀传统文化则构成了中华优秀传统文化的基本内核，具有民族文化的本源性，体现了中华民族的突出优势。传承与弘扬乡村优秀传统文化的根本目的就是要维护好国家、民族永续发展的根脉。在经济全球化、文化趋同化的发展浪潮中，外来文化不断对乡村传统文化带来冲击，乡村越来越丧失自身传统特色，乡村建设的同质化、西化现象十分严重，许多优秀的乡村民间艺术、民间工艺和传统村落文化正在大量消失，乡村文化的民族性、传承性、地域性、多样性被忽视。随着外来文化的强势渗透，甚至越来越多的乡村民众开始崇尚西方文化、远离乡村传统文化，导致民众丧失对乡村优秀传统文化的认同与自信，乡村优秀传统文化在传承上存在着严重的“断层”问题。因此，新时代的乡村建设对于乡村优秀传统文化的传承与弘扬具有特殊的意义与作用，如何传承并将之创造性转化为乡村建设的重要内容，坚定“乡村文化根不能断”的文化自觉，就显得尤为关键，这也成为本书关注的焦点。

1.1.4 建构新时代中国乡村建设的文化自觉观的思考

中共中央印发的《关于实施中华优秀传统文化传承发展工程的意见》提出了增强文化自觉和文化自信的要求[1]，第一次以中央文件的形式把“文化自觉”写在党的文化旗帜上。文化自觉已成为党的文化思想、国家的文化理念、全民的文化追求[2]，这从根本上体现了党的文化自觉意识。文化自觉研究具有的问题取向和实践取向，展示了对文化变革的诊断和反思的期望，并转化为一种支撑文化改革和发展的思想资源[3]。因此，文化自觉已经成为社会学、人类学、哲学乃至艺术学领域的学者所热衷探讨的重要课题，成为这一群体对社会文化现象进行考察与认知、反思与批判的理论工具。基于此，笔者将文化自觉切入乡村建设领域，是希望通过文化自觉在乡村建设领域的深入研究，解决乡村建设中存在的文化自觉缺失问题。并以乡村建设中多元文化的相互关系、多向互动为研究重点，试图较为全面地、理性地阐述乡村多元文化之间既交锋又交集、既对垒又对话、既相互掣肘又互相砒砺的离合关系，探寻乡村多元文化之间的互动模式与不同思潮交集重组所产生的次元类型，树立“在多元文化碰撞中明辨真理，在多元文化互动中凝聚共识”的文化自觉意识[4]，为正确处理乡村文化与他者文化的关系提供有益的借鉴。同时，在乡村建设领域建构具有时代特色和本土特色的新时代中国乡村建设的文化自觉观，以期对乡村建设中的文化问题做出根本性的指导，探索文化引领下的新时代中国乡村建设之路。

---

[1] 习近平. 在文艺工作座谈会上的讲话[N]. 人民日报，2014-10-15.

[2] 向云驹. 知识分子的良知与使命——论冯骥才文化自觉思想的构成和意义[J]. 艺术广角，2013(05)：25-32.

[3] 董波. 当代中国“文化自觉”理论思潮探析[J]. 贵州大学学报(艺术版)，2018，32(01)：36-39+106.

[4] 俞祖华. 离合之间：中国现代三大思潮及其相互关系[D]. 长沙：湖南师范大学，2014：1.

1.2 研究的意义

1.2.1 理论意义

本文立足于我国乡村建设发展的实际，针对当前乡村现代化进程中面临的多元文化冲突以及乡村建设的文化自觉缺失问题，积极构建乡村建设的文化自觉研究理论框架，用于指导和解决乡村建设发展中遇到的文化问题，这对于促进我国乡村文化发展具有重要的理论意义，其主要体现在以下两个方面：

第一，建构了新时代中国乡村建设的文化自觉观，有助于促进新时代中国乡村建设走向文化自觉。乡村建设领域是文化自觉实践的文化土壤，文化自觉是乡村建设的思想前提和内在张力，也是扩大乡村文化影响力的理性支撑。本文实现了文化自觉理论与乡村建设实际的紧密结合，体现了文化自觉理论逻辑和乡村建设历史逻辑的辩证统一。乡村建设走向文化自觉的目的就是为了更好地发展乡村自身文化，乡村建设如果没有文化自觉，就意味着乡村建设者并不清楚自身的文化地位、文化价值和文化使命，也不会对自身文化有清醒的文化觉知、对文化历史有深入的反省、对未来发展有准确的预判。本文重点聚焦当前乡村建设中文化自觉的缺失现象、根源剖析以及实践路径等核心问题，以求准确把握乡村文化发展的历史脉络和基本规律。通过辩证处理乡村物质文化与精神文化、乡村文化与外来文化、乡村传统文化与现代文化、乡村本土文化与全球文化、乡村文化的现实与理想等之间的矛盾冲突关系，强调建构乡村文化价值重建的价值自觉、乡村建设动力重构的主体自觉、乡村文化传承创新的发展自觉、乡村本土文化场景提升的实践自觉和乡村多元文化和合共生的生态自觉，即建构“五位一体”的“新时代中国乡村建设的文化自觉观”。研究有助于提高乡村建设的文化自觉程度与水平、提升乡村文化转型的自主能力，有助于增进乡村文化认同、增强乡村文化自信、实现乡村文化自强，有助于丰富和充实乡村建设研究的理论体系、拓展和深化文化自觉研究的认知视野和研究向度。

第二，在哲学视域中建构了乡村建设的文化自觉研究的理论框架。一是从哲学的本体论、价值论、认识论和实践论层面系统阐述了乡村建设中文化自觉的本质内涵、基本特点、作用价值、认知分析、方法路径等问题，深入地回答了乡村建设的文化自觉“是什么”“何以需要”“何以发生”“何以实现”，以及如何“向后看”(面向传统)、“向外看”(面向世界)、“向前看”(面向未来)的问题，从哲学层面夯实了乡村建设的文化自觉研究的方法论基础。二是本书坚持以马克思主义思想、习近平新时代文化思想为指导，坚持“马魂、中体、西用”的指导原则，坚持运用唯物辩证法来解决乡村建设实践中所必然遭遇的一系列文化矛盾与冲突问题。三是乡村建设的文化自觉研究蕴含着丰富的文化哲学底蕴，探讨了如何运用文化自觉的思想精髓和哲学内涵对乡村建设中的文化问题进行理性审视和反思，探究了文化自觉视野中乡村文化的传承、融合与创新问题，研究有助于化解乡村建设中的多元文化矛盾、化解城乡二元结构发展结构性矛盾、处理好乡村文化历时性和共时性之间的关系问题。乡村建设的文化自觉研究只有得以哲学指导和诠释，才能展现出研究成果的理论水平与高度，凸显运用哲学思维和方法来分析解决问题的学术意义。

1.2.2 现实意义

乡村建设的文化自觉研究成果可以更好地指导我国新一轮的乡村建设实践，有助于认清乡村建设的文化发展方向，明确当前乡村建设的文化使命，服务于乡村文化实践，推动乡村文化的可持续发展。其现实意义体现在以下三个方面：

第一，构建乡村文化共同体，增强国家文化软实力和维护国家文化安全。在经济全球化、文化多元化、社会信息化的时代背景下，乡村面临的全球性挑战更加严峻。开展乡村建设的文化自觉研究，一方面有助于我们认清乡村建设的文化使命和责任，进一步唤醒主体的文化自觉，主动化解外来文化冲突，增强文化安全意识，保持乡村社会的和谐稳定，使乡村起到维护国家文化安全的稳定器和安全阀的作用。另一方面有助于我们正确对待多元文化他者，坚持以社会主义核心价值观引领乡村文化建设，扭转乡村文化生态失衡的境况，增强乡村社会凝聚力，构建乡村文化共同体，推动乡村多元文化的和合共生。

第二，传承弘扬乡村优秀传统文化。文化自觉只有建立在优秀传统文化传承基础之上，才有根基、才有底气、才有自信。乡村建设的文化自觉研究有助于乡村优秀传统文化基因的继承与延续，有利于把乡村传统文化的积极因素发挥出来，成为引导乡村民众积极向善和创造美好幸福生活的价值标杆，充分展示乡村传统文化的价值和功能。这既是延续中华文脉、推动乡村文化转型的战略举措，也是推动乡村文化创造性转化、创新性发展的动力；既是推动乡村本土文化复兴的时代需要，也是新形势下处理“守”与“变”关系的行动指南。

第三，助力乡村文化振兴。乡村建设的文化自觉研究是在国家乡村振兴战略和精准扶贫的大背景下展开。一是研究强调以主体性的文化自觉激发村民内生动力，以主体间性的文化自觉协同推进乡村建设，对于乡村建设多元主体模式的构建具有现实指导和思路鼎新的作用。二是研究强调以价值自觉促进乡村文化价值重建，让价值自觉回归于村民日常生产生活的本体场域中，构建起新时代乡村文化价值观，真正发挥自为领域对自在领域的规范作用[1]。三是本文提出了

[1] 李凤兰. 社会主义核心价值观引领乡村文化振兴——基于日常生活理论视角[J]. 贵州社会科学，2018(07)：11-17.

以文化自觉促进乡村文化基因的继承与延续、以艺术自觉助推乡村文化修复与环境改造、以本土文化自觉促进乡村地域文化再造三条路径，用来指导当下的艺术乡建、非遗传承、文化旅游、传统村落保护与改造等各类乡村建设实践，以期达到改善乡村生态环境、提升乡村本土文化场景、打造美丽乡村的建设目标。

1.3 概念厘定

1.3.1 乡村建设

乡村建设活动自古有之，但“乡村建设”一词正式提出，是在1931年邹平成立的山东乡村建设研究院，据该院首任院长梁耀祖解释：由于全国80%以上的人住在乡村，所以欲谈建设，就要从乡村入手，必须注重“乡村建设”[1]。随后，梁漱溟开始将“乡村建设”一词学术化使用。他在《乡村建设理论》一书中归纳出乡村的社会、政治、经济和组织四大问题，并指出乡村建设意指“创造新文化，救活旧农村”，乡村建设的实质是为解决极严重的文化失调、振兴中国文化[2]。江恒源认为，乡村建设就是通过现实的预定计划，以普及教育、改良作风、清洁卫生和健全体魄等方式，使适当区域内的村民生活逐渐改善，达到自给、自足和自治，从而完成乡村的整个建设[3]。晏阳初在河北定县创办了平民教育促进会，他认为，教育的目的在于提高农民文化知识，改造农村，也就是发展乡村建设事业[4]。以上三位学者在民

---

[1] 郑大华. 民国乡村建设运动[M]. 北京：社会科学文献出版社，2000：76.

[2] 梁漱溟. 乡村建设理论[M]. 北京：商务印书馆，2015：23.

[3] 崔军伟，徐保安. 江恒源农村改进理论述略[J]. 西华大学学报(哲学社会科学版)，2006(05)：57.

[4] 王建民. 平民教育与文化自觉——晏阳初的乡村建设思想及其启示[J]. 北京工业大学学报(社会科学版)，2020，20(01)：41-46.

国时期开展了大量的、卓有成效的乡村建设实验，他们运用乡村建设作为乡村社会及乡村组织研究的分析框架，还提出了“乡村运动”“乡村治理”“乡村改造”“乡村复兴”等概念，扩展了乡村建设的研究视野和路径。中华人民共和国成立之后，出于对民国时期“乡村建设运动”的批判，人们慎用“乡村建设”一词[1]。改革开放前后，“乡村建设”更多地被看成是一种“建筑活动”，比如在《中国乡村建设》一书中给出的定义是：“在乡村广大区域中进行的为生产和生活服务的各项建筑活动，通称为乡村建设。”[2]进入21世纪，随着乡村产业结构发生深刻变化，对乡村建设的认识也有了新的变化，主要表现在：乡村建设中除拥有农业建设之外，还包括工业、交通运输业、建筑业、商业、服务业等方面的建设活动；乡村建设不仅有本土的村民参与，还吸纳了很多外来人口参与建设等。由此可见，乡村建设是一个历史的、动态的机制，而非凝固的概念。

综上，国内不同历史阶段和不同领域的学者对乡村建设形成了不同的定位和理解。但为何称“乡村建设”而非“农村建设”？“农村”是一个狭义的概念，农村是乡村的主体，强调的是产业、行政区域概念，往往成为落后的代名词。“乡村”是一个广义的概念，是指由乡（镇）及村所构成的非城市化地区，难以二元分割，其外延更为宽广、综合。从学术的角度看，“乡村”比“农村”具有的价值更为中立且更具人文精神，带着令人向往的乡愁。因此，本书倾向“乡村建设”之提法，也将乡村建设的民众主体统称为“乡村民众”或“村民”，而非“农民”或“乡民”。

令人稍感意外的是，当前很少有国内学者旗帜鲜明地进行“乡村建设”概念界定，这个概念目前也没有收录在百度百科。有鉴于此，笔者将“乡村建设”拆分为“乡村”与“建设”两个概念来阐述。“乡村”的英文是rural，或者是village、countryside。传统意义上的乡村是指以农耕活动为主要生产生活内容的这一类聚落的总称。一般包括自然村

[1] 禹子良. 艺术家介入乡村建设的路径研究[D]. 北京：中国美术学院，2018：3.
[2] 肖唐镖. 乡村建设：概念分析与新近研究[J]. 求实，2004(01)：88-91.

落、行政村、城中村、社区、乡镇以及贫困山区的县(区)小城等人口较分散的广大地区。“建设”(construction)一词，百度百科将其释义为建立、设置、布置等，可进一步解释为创立新事业、增加新设施、重塑新文化、充实新精神等。然后，通过将“乡村”和“建设”的定义合二为一，并结合乡村建设不同历史时期的特点，笔者将“乡村建设”的概念界定为：立足于乡村本质，是一项针对乡村的传承与保护、建设与规划、治理与创造的系统工程，是促进乡村创立新事业、增加新设施、重建新文化、充实新精神的各类建设活动，旨在推进乡村经济、政治、文化、生态、社会“五位一体”的全方位建设和可持续发展，以实现乡村复兴的建设目标。其中，乡村文化建设是乡村建设的重要组成部分，是乡村建设的灵魂所在，也是乡村建设的基本特征和根本保证，乡村文化建设的根本目的是唤醒乡村民众的“文化自觉”意识。

1.3.2 乡村文化

本书聚焦乡村建设中的文化问题研究，确切地说，就是围绕乡村文化问题而展开的。也可以这么说，乡村建设的文化自觉研究主要是乡村文化的文化自觉研究。因此，研究必须以厘定“乡村文化”为基础。那么，如何界定乡村文化？乡村文化的特点是什么？为什么要对乡村文化进行分类？文化自觉与乡村文化又是什么关系？这需要我们进一步地探讨。

乡村文化因学科或研究的侧重不同，存在诸多概念表述，如费孝通将之定义为“乡土文化”，王沪宁称之为“村落家族文化”，还有“村落文化”“农耕文化”“小传统文化”等[1]，这些概念的内涵都是相互交织或相似的，都具有共同的特点。总的来说，乡村文化(rural culture)是指在乡村特殊的地理环境和历史积淀中流传下来的，对乡村社会生存方式和生活样态的综合反映，是人类与自然相互作用过程中产生的所有事物与现象的总和。它是一种以村民为主体、乡村为载

[1] 韦顺国. 广西桂西资源富集区乡村文化建设研究[D]. 西安：陕西师范大学，2014：11.

体、农耕文化为根基、家族文化为核心、乡土性为主要特征，以血缘、姻缘、地缘、业缘、神缘为构建因缘和主要内容[1]，以乡风民俗、民间活动、节日庆典为主要形式的文化类型。乡村文化具有相对的稳定性和柔韧性，它构成了整个乡村内在的精神要素，反映着村民的价值取向、精神诉求、思维方式和内在认同，在很大程度上影响着乡村建设的发展方向和路径。乡村文化是包括了乡村物质文化、精神文化、行为文化和制度文化在内的多层次的文化复合体，又可分为“显性”和“隐性”文化。乡村“显性”文化包括传统的自然景观、空间肌理、传统村落、手工技艺、民间艺术、民俗风情、生产生活方式等物质和行为层面的可视性文化，乡村“隐性”文化是指融入村民生活和思想中的宗族观念、道德观念、价值观念、审美观念、宗教信仰、村规民约、交往原则、处世态度、行为习惯等精神和制度层面的文化。在古代社会，乡村文化与庙堂文化相对应，两者只有分布上的不同而无性质上的差别；在现代社会，乡村文化与城市文化相对应，城市文化在于其发展之新，乡村文化在于其根基之厚。相较于城市的繁忙、嘈杂与多变，乡村则更为宁静、舒适与自在，并具有多种多样的富有农耕韵味的文化场景，这些文化因子随着历史和地域的文化变迁，体现了乡村文化的多样性。因此，乡土、乡景、乡音、乡邻、乡情、乡德等构成了乡村文化，许多人生活在城市却常以乡村为归依，有着浓厚的“乡愁”情结，乡村文化成为人们的集体记忆和精神家园。

本书根据研究需要，从文化的结构和范畴出发，对乡村文化进行必要的分类和划分：从时间维度上，可分为乡村传统文化、现代文化与未来文化等；从空间维度上，可分为乡村文化与城市文化、乡村本土文化与外来文化、乡村的全球文化与在地文化等；从乡村文化的内在逻辑结构上，可分为乡村的物质文化、精神文化、制度文化和行为文化等；从不同民族看，可分为乡村民族文化、异族文化等；从不同的社会阶层看，可分为乡村主流文化（官方文化、主导文化）、精英文

[1] 王倩. 乡土伦理转型对构建农村和谐人际关系的影响研究[D]. 桂林：广西师范大学，2015：19.

化、大众文化等；从不同地域来看，乡村有湖湘文化、荆楚文化、齐鲁文化、闽南文化、巴蜀文化等；从文化的品位、性质来判断，乡村有先进文化、落后文化、糟粕文化之别[1]。在诸多乡村文化的分类中，本书重点要讲清楚乡村文化与城市文化、乡村传统文化与现代文化、乡村文化与外来文化(他者文化)、乡村本土文化与全球文化，以及乡村的主流文化、精英文化和大众文化之间的二元对立认知关系，这事关文化自觉研究的理论价值和意义。因此，如何系统梳理和辩证把握这一系列文化关系的整体格局和内在联系，是摆在笔者面前的一项重要理论和现实问题，也是探索乡村文化发展道路，破解乡村多元文化之间的矛盾与冲突，实现乡村建设的文化自觉的迫切而艰巨的任务。

1.3.3 文化自觉

“文化自觉”是一个复合概念，是“文化”和“自觉”这两个基础概念的有机合成。那么，“文化自觉”是对何种“文化”而言？“自觉”的内容又是什么？这两个问题是我们界定文化自觉概念内涵的前提。

首先，谈谈什么是“文化”。关于“文化”的词源，最初以“文”“化”分开的形式出现在中国古代汉语之中。《说文解字》曰：“文，错画也，象交文，今字作纹。”[2]其本义为各自交错的纹理，引申为修饰、文采、人文之义。《说文解字》曰：“化，教行也”(“教行于上，则化天下”)。其本义为造化、生成、变易，引申为教化、教行、迁善、化育之义。“文”与“化”连用，见于《周易》中“观乎天文，以察时变；观乎人文，以化成天下”[3]。这里的“人文-化成”指涉文治教化、礼仪风俗等。“文”与“化”合并一词，始见于西汉刘向《说苑·指武》中“文

[1] 张爱群.谈谈“什么是文化”——学习高中新课标“文化生活”札记[J].思想政治课教学，2005(Z1)：10-13.

[2] 刘爱丽.试论“象”与文之起源关系——以《文心雕龙》之《原道》篇为例[J].古代文学理论研究，2018(1)：133-145.

[3] 郭彧.周易[M].北京：中华书局，2006：117.

化不改，然后加诛"[1]。可见，中国古人所谈的"文化"概念，大多具有对人的主观内心世界进行熏陶、塑造等教化之意。近现代以来，"文化"的内涵、外延更加丰富、宽广。梁启超指出，"文化者，人类心能所能开积出来之有价值的共业也"[2]。蔡元培强调，"文化是人生发展的状况"[3]。梁漱溟指出，"文化，就是吾人生活所依靠之一切"[4]。胡适指出，"文化是一种文明所形成的生活的方式"[5]。钱穆认为，"文化是指集体的大群的人类生活而言"[6]。王蒙指出，"何谓文化？文化就是人化，是人类的创造、经验、成果积累的总和，而非自然原生态"[7]。在《中国大百科全书》(哲学卷)中，文化被定义为"人类在社会实践过程中所获的能力和创造的成果"[8]。文化可分为广义和狭义的文化，前者泛指人类创造的一切非自然的成果，总括人类物质文化、精神文化和制度文化；后者特指人类创造的精神文化，包括反映人类的精神风貌、认识智慧、思维方式和价值观念等。

在西方，"文化"一词源于欧洲拉丁语"cultura"，其最初是指培植、养育之意，主要针对农作物的栽培。后来它被人们延展开来，用来指涉对人类心灵进行的教育与尊重。古罗马学者西塞罗(Cicero)就写过"哲学是对心灵的教化"[9]。18世纪晚期，康德(Kant)定义文化是"一个理性的实体为达到最高目的而进行的能力创造"[10]。赫尔德(Herder)强调文化是人们的精神价值。爱德华·泰勒(Edward Tylor)指出，"文化是一个复杂的总体，包括全部的知识、信仰、艺术、道德、

[1] 舒扬.当代文化的生成机制[M].北京：中央编译出版社，2007：6.
[2] 梁启超.梁启超论中国文化史[M].北京：商务印书馆，2012：6.
[3] 蔡元培.蔡元培美学文选[M].北京：北京大学出版社，1983：113.
[4] 梁漱溟.中国文化要义[M].上海：上海人民出版社，2011：7.
[5] 焦云雪.胡适的自由主义文化观[J].边疆经济与文化，2014(7)：59-60.
[6] 翁旻玥.即彼显我——从钱穆对西方文学的解读看其文学观[D].上海：华东师范大学，2006：4.
[7] 王蒙.王蒙谈文化自信[M].北京：人民出版社，2017：4.
[8] 中国大百科全书·哲学[M].北京：中国大百科全书出版社，1997：924.
[9] 布罗代尔.文明史纲[M].肖昶等，译.南宁：广西师范大学，2013：25.
[10] 康德.判断力批判(下卷)[M].北京：商务印书馆，1985：95.

法律、习俗以及人类在社会中所具有的一切能力和习惯"[1]。卡尔·马克思(Karl Marx)强调,文化是"自然人化"和"人的对象化"[2]。雷蒙·威廉斯(Raymond Williams)认为,"文化本身可以看作是一幅特殊的地图,借助它,我们可以对种种历史变革的本质进行探索"[3]。布克哈特(Burckhardt)在《世界历史沉思录》一书中指出,"我们把精神本能的发展综合称之为文化"[4]。这一时期的文化概念主要指涉人们主观内心世界的流变。欧洲近现代初期,人们认识到自身内心世界中的诸多心理活动远比盲目信仰更为重要,其中,培根(Francis Bacon)提出"知识即力量",强调人们内心世界知识的重要性。笛卡尔(Rene Descartes)提出"我思故我在",强调人们内心世界中的思考对自身存在的重要性。斯韦泽(Albert Schweitzer)指出:"文化的本质是个人思考人的完善的理想,个人思考民族和人类的社会和政治状况改善的理想。"[5]可见,这一时期的文化概念指向人们主观内心世界的复杂性。人们对文化的界定往往是仁者见仁、智者见智,不仅不同的人之间存在着差异,即使是同一个人的主观内心世界中的文化也是一个变化之物。

其次,谈谈什么是"自觉"。"自觉"在中西方都是一个常见的概念。在《说文解字》里,"自"释为"鼻也',引申为"开始、开头";"觉"释为"悟也,从见,学省声",引申为"明白、醒悟"[6]。《孔子家语·致思》:"吾有三失,晚不自觉。"《东观汉记》卷八:"出门顾见车,方自觉,乃止。"自觉是"自己意识到、感觉到"之意。关于中国传统文化中的"自觉"思想,儒家强调自觉就是自省,以"反省"而修身,以

---

[1] 泰勒. 原始文化[M]. 杭州:浙江人民出版社,1988.

[2] 陈望衡. 美学王国探秘[M]. 西安:陕西人民出版社,1988.

[3] 威廉斯. 文化与社会(1780—1950)[M]. 高晓玲,译. 长春:吉林出版集团有限公司,2011:5.

[4] 蔡玉辉. 每况愈下——新文化史学与彼得·伯克研究[M]. 上海:译林出版社,2012:17.

[5] 施韦泽. 文化哲学[M]. 陈泽环,译. 上海:上海人民出版社,2008:62.

[6] 李超,蒋彬. 发展观的历史形态与嬗变——基于国外人类学理论研究的思辨分析[J]. 广西民族研究,2019(4):76-82.

"进取"而自觉。为了实现"齐家、治国、平天下"的价值目标，儒家主张个人应该通过"自省""自反""反求诸己"等道德修为不断提高自身"格物、致知、诚意、正心、修身"的自觉性。在佛教中，自觉就是参禅悟道。"佛"的本义即为"觉者""智者"，"觉"是"觉察了悟"之意，是对道理的清醒认识，不为迷惑，开启真智[1]。隋朝慧远法师的《大乘义章》卷二十有："觉察名觉，如人觉贼；觉悟名觉，如人睡寤。"该书又说："既能自觉，复能觉他，觉行圆满，故名为佛。"[2]道家对自觉的理解就是自由。道家强调"道法自然"，"自然"不是自然界中具体事物，而是指不加人为强制的自然而然、无状之状的本然状态。庄子认为，真正的自由是"无待"的，人不自由，主要是因为"有待"。只有通过"心斋"与"坐忘"，追求"清净无为"，才能真正成为自由自主的主体[3]。可见，"自觉"主要是指人对外在世界以及对人自身的觉醒、理解、觉悟，是人对自身作为个体存在和类存在的自我意识与自我定位。中国文化中的"自觉"指称还很多，不同学派在不同意义上使用这个有着复杂意涵的概念，但总的指涉是对自身的领悟由"未觉"走向"自觉"。从西方哲学看，"自觉"相对应的英文单词是"self-consciousness"，有人译作"自意识""自我意识"，即对内在自我存在的发现、外在自我解放的洞察、自身优缺点的把握，是一种自知之明。西方哲学经常强调"认识你自己"，这实际上就是一种"自我意识"的"自觉"。康德认为，"自觉"是"他觉"的前提，没有"自觉"就不可能"他觉"。费希特(Johann Gottlieb Fichte)在此基础上提出"自我"，即统一了存在与认识的"自觉的我"。黑格尔(G. W. F. Hegel)把人类的"自我意识"划分为三个等级：第一等级为"他觉"，即认识客观事物；第二等级为"自觉"，即认识人类自己；第三等级为统摄"他觉"与

---

[1] 戴大明."读经"与文化自觉——社会学微观视角的研究[D]. 重庆：西南大学，2008：6.

[2] 李宇环.中国佛教幸福观及其对当代教育的启示[J].理论月刊，2014(11)：49-52.

[3] 黄萍.由虚静达于自由之境——庄子生命观念解析[J].中南民族大学学报(人文社会科学版)，2003(4)：123-125.

“自觉”的“理性”，这是人类精神的最高境界。[1] 叔本华(Arthur Schopenhauer)在《意志自由论》里把“自觉”解释为自我意识，即自己固有的意识。马克思认为“自觉”是人区别于动物本能的意识[2]。显然，西方哲学家对“自觉”的认识与理解都偏重从“个人如何能认识客观事物并统一经验”这一角度看待问题。“自觉”主要是指人的自我觉醒和觉悟的主动意识，通过在生产生活实践中对文化的理解和创造，实现自我审视、自我反思、自我批判和自我创新，并在此基础上关注和探求人类社会的发展进步。

最后，综上对“文化”和“自觉”概念的内涵进行梳理。如果“文化”是“自觉”的宾语、对象或客体，那么，“文化自觉”就是“自觉文化”，或者是“对于文化的自觉”。如果“自觉”不仅可作动词，也可作名词，那么，“文化自觉”又可理解为“关于文化的自觉”。这两种含义都应当是“文化自觉”的应有之义[3]。“文化”的生成、发展和创造离不开人的“自觉”，而人的“自觉”又总是通过“文化”活动而形成的。“自觉”是一种对“文化”的认知方式，包括了对文化理论和文化实践的自觉。由此，我们可以将“文化自觉”的概念界定为人在文化上的觉悟和觉醒，以及对文化的历史、地位、作用和使命的深刻认识和准确把握，它是在文化实践中所体现出来的一种文化主体意识，通过在文化实践中的文化创造和文化理解，实现文化的自我审视、自我反思和传承创新，并在此基础上关注和探求人类文明的发展进步。文化自觉的主体可以是个人，也可以是国家、民族、政党、团体等群体乃至全人类。这些主体层次之间既存在着相互依存、促进和转化的一面，也存在着相互错位、紧张和冲突的一面，但都体现了对自身文化前途命运的博大关怀和理性思考[4]。

---

[1] 黑格尔. 精神现象学[M]. 贺麟，王玖兴，译. 北京：商务印书馆，1979.

[2] 余加宝. 大学生道德自觉的生成机制研究[D]. 长沙：湖南大学，2016：19.

[3] 张冉. 文化自觉论[D]. 武汉：华中科技大学，2010：43.

[4] 巴文泽. 试论唐君毅文化视阈中的文化自觉与文化建设[J]. 理论月刊，2013(8)：55-58.

1.4 国内外相关文献综述

国内外学界对“乡村建设”和“文化自觉”两方面的研究关注度较高，取得了许多积极的研究成果，主要涉及文化学、社会学、人类学、马克思主义理论等多个学科领域。但是，通过知网没有检索到直接以“乡村建设的文化自觉研究”为命题的文献，这两方面结合研究的成果也较少。本书根据“乡村建设的文化自觉”这一核心命题的研究需要，围绕与命题相关的核心概念或关键词进行系统的学术成果整理，梳理出命题展开的学术发展脉络，特作以下综述。

1.4.1 国内相关文献综述

乡村建设的文化自觉研究，探讨的是乡村建设中的文化问题。一方面，要弄清楚不同文化思潮对乡村建设产生的影响，在此基础上提出乡村文化的发展困境及对策，进而提出文化自觉在乡村建设中的价值与意义。另一方面，要从文化自觉的角度去剖析乡村建设中文化自觉缺失的根源，进而提出实现乡村建设的文化自觉的方法与路径。这样有助于了解不同历史时期乡村建设的文化研究成果，有助于弄清楚已有的研究做出了哪些回答，这些回答在哪些方面提供了可靠的理论基础，在哪些方面还有待进一步的补充和完善。基于此，本书从乡村建设与乡村文化建设的理论与实践研究、乡村文化的发展困境与传承创新研究、文化自觉的内涵及应用研究、乡村建设走向文化自觉的研究等方面进行文献的主题分类及综述述评。

1.4.1.1 关于“乡村建设与乡村文化建设的理论与实践”研究

中国乡村建设有着逾百年历史的探索积累。在民国时期，晏阳初提出“平民教育”模式，并在河北定县开展乡村平民教育实验，他主张平民教育和乡村建设连环扣合与整体推进，通过五个结合，以达到乡村改造的实际目的：一是教育与农民生活、乡村建设相结合；二是理论与实际相结合；三是科学与农村实际相结合；四是物质文明与精神文明建设相结合；五是个人与集体相结合。他认为，知识分子到乡村去，要“化农民”，自己首先必须“农民化”[1]，要虚心向农民学习，“给农民作学徒”，这在当下仍有现实和启示意义。梁漱溟在《乡村建设理论》一书中提出用乡村文化的自身力量进行自我拯救，并提出“文化复兴——乡村学校化”的建设模式[2]。他认为，乡村建设的终极目标实为振兴中国文化，而振兴中国文化，必须“从乡村作功夫”[3]。张建军(2019)指出，梁漱溟奉行的“中学为体、西学为用”思想和晏阳初秉持的“西学为体、中学为用”理念，可以概括为二人“哲学”与“科学”之差别，这也是二人在乡建理论本质上的不同之处[4]。孙金、卢春天(2020)指出，卢作孚主持的乡村“实业民生”模式包括了以人的训练为核心、青年为作用主体、重视物质积累、强调理想再造和改善民生为目标的五大理念，对当下乡村振兴战略仍有现实和借鉴作用[5]。进入新时代，韩长赋(2018)谈到了中国乡村正面临千年未有之大变局，他强调，乡村巨变既源于党的正确领导和乡村民众的努力奋斗，也源于外部环境变化的推动，是主观与客观、内因与外因共同

[1] 陈礼洪. 晏阳初“农民化”思想的现代解读[J]. 成人教育，2008(6)：43-44.

[2] 赵霞. 乡村文化的秩序转型与价值重建[D]. 石家庄：河北师范大学，2012：5.

[3] 贾可卿. 梁漱溟乡村建设实践的文化分析[J]. 北京大学学报，2003(1)：116.

[4] 张建军. 寻路乡土：梁漱溟、晏阳初乡村建设理论与实践比较研究[D]. 杭州：浙江大学，2019：158.

[5] 孙金，卢春天. 卢作孚乡村文化建设的理念和路径[J]. 浙江学刊，2020(02)：232-238.

作用的结果[1]。北京“绿十字”负责人孙君在“农道：没有捷径可走的新农村之路”系列丛书(2017)中选用“五山模式”作为典型，提出了“把农村建设得更像农村”“新农村建设并不是什么都需要新建”“还权于村委会”“政府在项目执行中要有角色转换的意识”等理念和口号[2]，他主张引导农民参与自己的家乡建设，为农民守住他们原汁原味的生态乡村。温铁军(2017)指出，我们利用国家推进新农村建设战略这样一个历史性的机会，要走出一条不同于激进现代化的乡村建设发展之路，虽然沿用了“乡村建设”这一概念，但其实是一个文化意义上的乡村全面复兴[3]。关于“当代乡村文化建设问题”研究：张才志(2019)提出坚持以多维性、人本性和先进性为基本价值取向，注重乡村传统文化的当代转换，不断适应和满足广大乡村民众的文化诉求[4]。何白鸥、齐善兵(2018)提出，乡村振兴既要塑形又要铸魂，需要突出乡村文化建设在乡村振兴中的重要性[5]。周锦、赵正玉(2018)提出从多维的视角来思考如何才能使乡村文化建设与乡村振兴相辅相成[6]。王宁(2018)指出，发掘和弘扬各地特色的乡村优秀传统文化，需要注重乡土味道、保留乡村风貌、留得住青山绿水、记得住乡愁[7]。韩鹏云(2015)提出，对乡村公共空间来讲，乡村文化建设能够培育与增加支撑其空间的社会资本，有助于乡村向心力与凝

---

[1] 韩长赋. 从江村看中国乡村的变迁与振兴[N]. 经济日报，2018-06-05(011).

[2] 黄丽坤. 基于文化人类学视角的乡村营建策略与方法研究[D]. 杭州：浙江大学，2015：25.

[3] 温铁军. 乡村建设是避免经济危机的可能出路[J]. 小城镇建设，2017(03)：6-10.

[4] 张才志. 乡村振兴战略实施中乡村文化建设的价值取向研究[J]. 农业经济，2019(8)：42-44.

[5] 何白鸥，齐善兵. 乡村振兴战略实施中加强乡村文化建设的建议[J]. 领导科学，2018(12)：4-5.

[6] 周锦，赵正玉. 乡村振兴战略背景下的文化建设路径研究[J]. 农村经济，2018(9)：9-15.

[7] 王宁. 乡村振兴战略下乡村文化建设的现状及发展进路——基于浙江农村文化礼堂的实践探索[J]. 湖北社会科学，2018(09)：46-52.

聚力的养成[1]。李娜(2014)谈到了当代中国乡村文化建设的价值、内涵、特征及目标，对乡村教育、习俗民风等问题进行了罗列，深入分析了乡村文化建设存在的问题及原因，并建设性地提出了当代中国乡村文化建设路径[2]。马永强、王正茂(2008)指出，乡村文化建设是以公共文化服务体系构建与公共文化空间培育为基础的，旨在提升农民的主体文化自觉意识[3]。丁永祥(2008)强调，通过乡村多元文化生态的重构，促进新时代乡村社会的精神和谐[4]。

1.4.1.2 关于“乡村文化的发展困境与传承创新”研究

我国学界理性地对各个时期的乡村文化发展困境及其原因都进行了深入剖析。陈文胜(2019)指出，乡土中国正在被“城乡中国”所取代，并正在经历价值观从一元转向多元、道德观从乡土伦理转向市场伦理、习俗观从乡土本色转向现代性多元的演变过程[5]。戚迪明等(2019)指出，乡村文化在现代化转型中面临诸多障碍和困境，主要表现为乡村经济基础薄弱、文化基础设施不健全、村民缺乏文化自信、文化公共空间狭窄和文化建设制度不完善等，这些问题制约着乡村文化价值的发挥。为凝聚乡村振兴的精神力量，乡村文化建设必须形成政府、社会和村民三方合力，通力合作解决上述问题[6]。王华斌(2013)指出，乡土优秀文化具有人文、美学、商业与认同价值，乡土文化传承要解决好乡村民众认知水平低、消费不足、资金和人才短缺

---

[1] 韩鹏云. 中国乡村文化的衰变与应对[J]. 湖南农业大学学报(社会科学版)，2015，16(01)：49-54.

[2] 李娜. 甘肃省乡村文化建设研究[D]. 兰州：西北民族大学，2017：5.

[3] 马永强，王正茂. 农村文化建设的内涵和视域[J]. 甘肃社会科学，2008(6)：75-78.

[4] 丁永祥. 城市化进程中乡村文化建设的困境与反思[J]. 江西社会科学，2008(11)：212.

[5] 陈文胜. 城镇化进程中乡村文化观念的变迁[J]. 湘潭大学学报(哲学社会科学版)，2019(04)：109.

[6] 戚迪明，刘玉侠，任丹丹. 转型中乡村文化建设的困境与反思[J]. 江淮论坛，2019(06)：14-21+197.

等制约因素[1]。柯艳霞(2012)指出，城镇化对乡村文化的影响就像一把双刃剑，在促进城乡经济发展的同时也在破坏着原生性的乡土文化形态，并造成乡村文化认同和生存危机[2]。周军(2010)立足于宏观与微观两个视角，系统地分析了乡村文化观念的变迁以及乡村文化建设中的困境，并提出了新乡村文化的建构策略[3]。田克祯(2009)指出，由于政府“有限理性”以及制度变迁中的路径依赖等原因，农村改革陷入“制度锁闭”与“诺思悖论”的困境，导致城乡二元分离、城乡差距拉大、农民收入增缓、农村社会事业发展滞后等问题，这也是“三农”问题形成的制度根源[4]。赵旭东(2008)认为，通过身份界定的政治学，乡村文化被界定为落后与迷信，村民潜在的乡村文化认同危机由此而得以酝酿[5]。温铁军(2005)指出，由于现代性向农村的全方位渗透，传统文化和地方信仰被严重挤压，农村和农民在社会和文化上被边缘化，农民的主体性逐步丧失，并导致普遍的无力感、无根感和焦虑感[6]。另外，相关主题的代表性文献还有贺雪峰的《新乡土中国》(2003)、吴毅的《村治变迁中的权威与秩序》(2002)、于建嵘的《岳村政治》(2001)、王铭铭的《乡土社会的秩序、公正与权威》(1997)等。关于“乡村文化的传承创新”研究：朱力、张嘉欣(2019)指出，受城市中心主义的影响，乡村文化价值被贬低，而乡村营造问题的缓解，仍需在促进乡村文化价值回归的前提下，使城乡关系从

[1] 王华斌. 乡土文化传承：价值、约束因素及提升思路[J]. 理论探索，2013(02)：12-14.

[2] 柯艳霞. 城镇化进程中乡土文化的危机与重构[J]. 兰州学刊，2012(11)：210-212.

[3] 周军. 中国现代化进程中乡村文化的变迁及其建构问题研究[D]. 长春：吉林大学，2010：3.

[4] 田克祯. 农村制度变迁中政府主导逻辑的困境与超越[D]. 长春：吉林大学，2009.

[5] 邱新有，罗杏. 从传播的仪式观看乡村文化的嬗变[J]. 江西师范大学学报(哲学社会科学版)，2013(6)：38-41.

[6] 周维. 乡村振兴战略视角下乡土文化的传承困境与重构策略研究[D]. 重庆：西南大学，2019：5.

“我-他”（主客式）的不平等关系走向“我-你”（主主式）的平等关系[1]。艾菊红（2019）指出，在现代性语境下，民族文化既需要积极迎接全球文化、避免部落主义，也需要促使民族文化“再地方化”，使地方话语获得全球性意义。这既是对民族文化的再创造和对地方文化的重建，也可以被视为现代性的地方化[2]。刘忱（2018）强调，乡村文化复兴的任务，就是让“乡愁”落地，这主要体现在对优秀传统文化的传承发展和与现代文化的融合创新，发挥文化在乡村经济、社会以及促进城乡融合发展等方面的作用[3]。刘彦武（2018）认为，文化作为一种更基本、更深沉、更持久的力量，为乡村振兴提供了智慧支持、精神激励和道德滋养[4]。索晓霞（2018）认为，乡土文化是乡村振兴凝心聚力的黏合剂和发动机，是城乡融合发展的文化资本，是乡村文明的特色文化构成，是中国生态文明建设需要传承的文化基因[5]。李华东（2017）指出，现在乡村普遍存在的情况是文化的“守护者”正在变造文化、文化的“研究者”正在肢解文化、文化的“建设者”正在扭曲文化，“文化”文了金钱、化了纯真[6]。乌丙安（2015）用“五个村庄”的例子谈到了现在的传统村落怎么转型的问题，提出了现代化背景下异质文化共享型模式的建设思路[7]。周军（2013）阐述了马克思主义文化观及乡村文化问题，提出了乡村文化的价值系统、保障系

[1] 朱力，张嘉欣. 价值的回归——乡村营造的伦理思考[J]. 湘潭大学学报（哲学社会科学版），2019，43(06)：99-103+109.

[2] 艾菊红. 现代性语境下的民族文化传承与发展[J]. 吉首大学学报（社会科学版），2019，40(01)：81-91.

[3] 刘忱. 乡村振兴战略与乡村文化复兴[J]. 中国领导科学，2018(02)：91-95.

[4] 刘彦武. 以文化助推乡村振兴战略[N]. 学习时报，2018-01-08.

[5] 索晓霞. 乡村振兴战略下的乡土文化价值再认识[J]. 贵州社会科学，2018(01)：4-10.

[6] 李华东. 传统村落：最深刻的破坏，是以“文化”之名[N]. 中国乡村发现，2017-04-21.

[7] 乌丙安. 中国社会转型中传统村落的文化根基分析[J]. 中国农业大学学报（社会科学版），2015，32(05)：5-17.

统、管理系统、动力系统建构的对策和路径[1]。

1.4.1.3 关于"文化自觉的内涵及应用"研究

1997年，费孝通先生源于其个人的文化与学术思考，根植于中国当时的社会文化背景，在北京大学举办的第二次社会学人类学高级研讨班上，正式提出了"文化自觉"的概念和阐释。他说："文化自觉是指生活在一定文化中的人对其文化的自知之明，明白它的来历、形成过程、所具有的特色和它发展的趋向，不是要复旧，同时也不主张全盘西化或全盘他化，不带任何文化回归的意思，自知之明是为了加强对文化转型的自主能力，取得决定适应新环境、新时代时文化选择的自主地位。"[2]在他看来，文化自觉的核心是指作为民族的一员应对自身的文化有清醒的认识和自信，并将其放在全球化的背景下加以认知，是对如何保持自身文化特色和多元文化之间张力的思考和理性把握，力求做到对自身文化不断地自我反省、批判、超越和创造。学界以费孝通的文化自觉定义为基础，根据自身的理解，进一步拓展和充实了对文化自觉的内涵阐述。黄金华(2008)指出，学界对文化自觉的内涵表达有三种典型的观点："认知"观、"基因"观和"反思"观。文化自觉具有主体的自我性、客体的本土性、行为的自觉性、视域的世界性、内容的全面性、表现的多样性、目标的多维性、体系的完整性八大特点和学习传承、研究丰富、创新发展、推广交流本土文化四个环节[3]。张冉(2012)指出，学界对文化自觉的理解主要包括认识论、价值论、评价论、本体论和方法论五个方面的范畴。文化自觉表现出理性、历史性、实践性三方面的特征[4]。李艳(2012)认为，费孝通的"各美其美，美人之美，美美与共，天下大同"十六字箴言体现了文化

[1] 周军. 中国现代化与乡村文化建构[J]. 沈阳师范大学学报(社会科学版)，2013，37(06)：193.

[2] 费孝通. 反思·对话·文化自觉[J]. 北京大学学报(哲学社会科学版)，1997(3).

[3] 黄金华. "文化自觉"概念的辨析[J]. 陕西职业技术学院学报，2008，4(04)：35-37+14.

[4] 张冉. 文化自觉的概念界说与本质特征[J]. 人民论坛，2012(02)：134-135.

自觉的基本意蕴。其中，“各美其美”实现对各自文化的认同与自信，“美人之美”实现对他者文化的尊重，“美美与共”实现不同文化之间的价值共识，“天下大同”实现和而不同的和谐世界[1]。另外，刘立华的《论文化自觉的内涵与发展》(2013)、邹广文的《论文化自觉的三重意蕴》(2012)、代艳丽的《论文化自觉的哲学意蕴》(2013)等文章都对文化自觉的内涵进行了深入阐释。国内学者相继从自身的学科领域拓展了费孝通先生的文化自觉思想。关于“文化自觉在不同学科领域的应用”研究有：赵旭东、王蹊(2019)指出，费孝通提出文化自觉和“推己及人，将心比心”的方法论原则，超越价值中立的研究视角，试图建立迈向人民的、有自觉的人类学[2]。郦正(2018)指出，文化的典型表征就是文化符号，文化符号的形成标志着文化核心价值观的形成，有助于对文化自身特质的文化自觉和继承传播。当前，文化多元化造成文化符号的多元化矛盾，体现在中国文化符号认同与选择上，应加强文化共性的沟通与融合，努力摆脱文化虚无主义的消极影响[3]。潘年英(2012)写道：何为自觉呢？自觉就是明白。从文学自觉到文化自觉，可以看出我对于文学和文化的主动思索和求知。毫无疑问，我最初的愿望，是想在文学上有所思考和追求的，但最终却落脚在文化上了[4]。张楚廷(2010)将文化自觉延伸到大学管理中，并指出，校长的文化自觉影响着整个大学管理系统的文化自觉[5]。王德如(2007)以文化自觉理论系统分析和阐释了课程文化自觉的意蕴、价值取向与方法论抉择，并以此为根基，探索了国家、地方和学校三个层次的课程文化自觉的实践策略[6]。

---

[1] 李艳. 文化自觉的三重释义[J]. 东北师大学报(哲学社会科学版)，2012(04)：230-233.

[2] 赵旭东，王蹊. 反思中的文化自觉——基于费孝通文化观的人类学方法论[J]. 学术界，2019(09)：66-77.

[3] 郦正. 社会发展的文化自觉[M]. 北京：中国社会科学出版社，2018：142.

[4] 潘年英. 从文学自觉到文化自觉[M]. 北京：民族出版社，2012(12).

[5] 张楚廷. 大学的文化自觉初论[J]. 现代大学教育，2010(03)：19-23.

[6] 王德如. 课程文化自觉论[M]. 北京：人民出版社，2007(9)：48.

1.4.1.4 关于“乡村建设走向文化自觉”研究

曾天雄、曾鹰(2020)指出，现代中国社会的“发展主义”深入骨髓，乡村精英外流、乡村文化呈空洞化、乡村治理呈灰色化，振兴乡村文化迫在眉睫。新时代要重塑与创新乡土社会内生资源——新乡贤文化，发掘乡土文化，嵌入乡治因子，尊重地方性知识，回归道德教化，传承乡贤文脉，重塑乡村文化之魂，为乡村实现“三治合一”提供有力的道德支撑和精神动力[1]。徐晶晶、雷家军(2019)指出，文化自觉是文化主体对乡村文化起源、发展、当下状态和未来趋势的理性认知，是一个集传承、实践、创新于一体的文化自省行为，可以从历史与现实、理论与实践、时间与空间三个维度探寻乡村文化自觉的发展路径[2]。程玥(2019)提到，乡村公共文化从建设到振兴需要历经文化“自觉-认同-自信”这一过程，公共文化自觉是实现乡村公共文化建设、文化自信及文化振兴的前提。探索如何在现代化文化发展语境中使文化自觉与文化传承、文化建设相融合的发展路径，是最终实现乡村文化振兴的关键所在[3]。徐之顺、胡宝平(2018)指出，当代中国城乡文化关系是功能各异、优势互补、融合发展的和谐共生关系，文化自觉是实现城乡文化和谐共生的认知前提[4]。尹健(2018)指出，在经济社会快速发展的新时代，传统意义上的乡村文化在时代的裹挟之下也面临着价值重塑的必要性和紧迫性。乡村文化现代性重塑应做到养护根基，注重乡村文化的整合；具有开放性和创新能力，增强乡村文化的凝聚力；有鲜明个性，能抵抗文化危机；注重培育和

[1] 曾天雄，曾鹰. 善治视域下的“新乡贤”文化自觉[J]. 广东社会科学，2020(02)：77-84.

[2] 徐晶晶，雷家军. 新时代中国乡村文化自觉探析[J]. 中共南昌市委党校学报，2019，17(06)：46-49.

[3] 程玥. 文化振兴与乡村公共文化自觉路径分析[J]. 东南学术，2019(02)：100-107.

[4] 徐之顺，胡宝平. 文化自觉、文化自信与城乡文化和谐共生[J]. 南京师大学报(社会科学版)，2018(06)：5-11.

坚定乡民的文化自信[1]。季中扬、胡燕(2016)指出，乡贤文化自觉是乡村文化精英对乡村建设的主动担当，是乡村建设中固本培元的根本之计[2]。申卫革(2016)指出，乡村教师文化自觉表现为乡村伦理认知的缺失以及乡村伦理教育实践的匮乏。只有建构乡村教师的文化自觉，才能在乡村文化和城市文化的博弈中走出一条乡村现代化之路，使得乡村教师拯救乡村文化成为可能[3]。罗康隆(2015)指出，苗族社区营造包括“人、文、地、产、景”五个面向，在营造新的社会、新的文化、新的人方面意义深远，究其实质，是乡村权威的建构与文化自觉的过程[4]。唐书明(2014)强调走出文化相对认知与等级观念的乡村文化自觉，指出在乡村各种文化的相对性关系中，最为核心的莫过于自我与他者的二元对立关系。文化相对认知与等级观念的困境，从哲学根源上来说，同样源于自我与他者的二元对立困境，走出文化相对认知与等级观念的困境，特别需要人的文化自觉，这也是走出自我与他者二元对立困境的必然要求[5]。佟春霞(2013)提出了文化自觉参与新农村建设的路径，其中，教育是达成文化自觉的重要手段[6]。沈小勇(2009)指出，乡村传统文化遭遇了“破坏有余”和“重

[1] 尹健. 从自在到自觉：乡村振兴视阈下乡村文化的现代性重塑[A]. AEIC Academic Exchange Information Centre(China). Proceedings of 3rd International Conference on Modern Management, Education Technology, and Social Science (MMETSS 2018) (Advances in Social Science, Education and Humanities Research, VOL. 215) [C]. AEIC Academic Exchange Information Centre (China): International Conference on Humanities and Social Science Research, 2018: 4.

[2] 季中扬，胡燕. 当代乡村建设中乡贤文化自觉与践行路径[J]. 江苏社会科学，2016(02)：171-176.

[3] 申卫革. 乡村教师文化自觉的缺失与建构[J]. 教育发展研究，2016，36(22)：47-52+57.

[4] 罗康隆. 社区营造视野下的乡村文化自觉——以一个苗族社区为例[J]. 中南民族大学学报(人文社会科学版)，2015，35(05)：37-42.

[5] 唐书明. 变动社会中的乡村文化自觉[M]. 贵阳：贵州大学出版社，2014：8.

[6] 佟春霞. 文化自觉与新乡村建设[J]. 江苏师范大学学报(哲学社会科学版)，2013，39(04)：77-82.

建不够”的历史命运，其发展的核心要义是树立“文化自觉”理念[1]。潘年英(2007)指出，从文化自觉的角度反思中国农村改革与建设，有利于保护形色各异的地方性知识，凸显出中国文化的多样性[2]。

综上所述，国内学界分别在乡村建设、乡村文化建设、乡村文化和文化自觉等方面进行了大量的研究和问题探讨，提出了许多宝贵的建议和对策，有些研究成果已经影响到政府的决策。学者们普遍认为，乡村建设的现代化之路，总体上是属于被动发展的过程，乡村建设的文化内涵在现代化框架中被隐匿。外来文化的冲击渗透到乡村的每一个角落，使得乡村传统文化面临消失、乡村文化面临发展失序和秩序转型，乡村建设研究需要对全球化、城市化带来的乡村文化危机给予足够的重视。但是，大部分学者在分析乡村建设面临的问题时，其学术视角相对集中在政治、经济和教育的制约层面，较少系统完整地探讨乡村文化的价值重建，缺乏对乡村文化发展困境的根源进行深入剖析，缺乏对乡村文化自觉与文化认同等方面的进一步探讨，至于在文化哲学层面上的研究成果则更少。因此，新时期乡村建设走向文化自觉的研究还处于初步阶段，还可以在以下方面进一步展开研究：一是从文化自觉的视角去研究乡村建设问题；二是从文化哲学的思辨角度去审视和思考乡村文化发展问题；三是运用哲学研究范式去探讨和解决乡村建设中的文化自觉问题；四是探索艺术介入乡村建设的理论与实践研究等。本书提出的“乡村建设的文化自觉研究”期望能增进人们对乡村建设中文化问题的深入思考，促进乡村建设和文化自觉两方面的深入研究。

---

[1] 沈小勇. 传承与延展：乡村社会变迁下的文化自觉[A]. 浙江省农业和农村工作办公室、浙江省社会学学会、宁波市鄞州区委、宁波市鄞州区政府. 秩序与进步：浙江乡村社会巨变历程与经验理论研讨会论文集[C]. 浙江省农业和农村工作办公室、浙江省社会学学会、宁波市鄞州区委、宁波市鄞州区政府：浙江省社会学学会，2008：3.

[2] 潘年英. 文化自觉时代的新乡土建设[J]. 中国农业大学学报(社会科学版)，2007(02)：11-15.

1.4.2 国外相关文献综述

目前，国外学界关于乡村建设的文化自觉研究的文献不多，问题主要集中在乡村文化建设、文化反思与批判等方面。国外学者有关乡村建设的研究大多是在全球化与多元文化发展背景之下展开的，将不同国家的乡村建设根植于各自的文化语境和历史进程之中，呈现出不同的存在形态与演进规律[1]。

1.4.2.1 关于“乡村文化建设的现实动因”研究

关于“乡村文化建设的现实动因”研究，国外学界主要从三个方面展开：

一是对乡村传统文化复兴的关注。里昂斯(Lyons)指出，19世纪“旧法国”浪漫迷人的乡村历史文化与村民对文化资源的口口相传密不可分[2]。斯科特(Scott K)认为，英国在20世纪六七十年代颁布实施《英格兰和威尔士乡村保护法》，加大了对乡村田园和乡村文化的保护与建设力度，取得了良好效果[3]。巴腾(Batten T R)指出，农民的主体性、积极性和创造性是推动日本实施乡村振兴的关键因素[4]。李怀印通过对“秦村”的考察，从微观史的角度，指出其中折射出中国农民在不同制度设置下的动机和行为的复杂性、多样性，强调改革时期曾一度萎缩的乡村传统社会纽带与习俗在村民的日常生活中逐渐复

[1] 杜宝贵，李函珂. 国外乡村文化建设文献综述与引申[J]. 贵州省党校学报，2019(3)：120~128.

[2] LYONS M. Oral Culture and Rural Community in Nineteenth-Century France: The Veillee D'Hiver[J]. Australian Journal of French Studies, 2013, 23(1).

[3] SCOTT K, ROWE F, POLLOCK V. Creating the Good Life? A Wellbeing Perspective on Cultural Value in Rural Development[J]. Journal of Rural Studies, 2018(59).

[4] BATTEN T R. The Non-directive Approach in Group and Community Work[M]. London: Oxford University Press, 1967: 146-178.

苏，并随着家庭联产承包责任制的推进，其重要性更加突出[1]。库尔普(Kulp D H)认为，以血缘、地缘关系为纽带的中国乡村社会的“家族主义”制度是乡村其他诸如政治、经济、文化、法律等制度的基础[2]。

二是城市文化对乡村文化的影响。格雷厄姆(Graham B)认为，城市文化消除了乡村文化的一些独特特征，其所带来的发展政策、旅游业以及缺乏所有权的产业等都在逐步入侵乡村文化[3]。德克塞里迪(Dekeseredy W S)发现互联网极大地改变了村民对自身文化的定位与看法，甚至产生了众多刻板印象，他们都认为自己的文化处于病态[4]。巴博萨(Barbosa L P)发现乡村教育在互联网背景下能使村民成为推动历史进步的主体[5]。

三是乡村文化面临全球化挑战。塞缪尔·亨廷顿(Huntington P)在论及全球化背景下发展中国家如何保持政治稳定时指出：“得农村者得天下。”[6]潘妮拉格(Pannilage U)认为，种族主义、文化整合以及平等协作三种视角可以显示出全球化与乡村本土文化之间存在的关系[7]。维柯(Vico G B)指出，“本土的习俗，特别是关于自然本有的那种自由的习俗，并不能马上一下子就改掉，而是要经过一个长时期才能逐渐改变的”[8]。全球化的冲击抑制了乡村本土文化的特色和

[1] 李怀印. 乡村中国纪事——集体化和改革的微观历程[M]. 包蕾，译. 北京：法律出版社，2010，266-267.

[2] Kulp D H. Country Life in South China：The Sociology of Familism，Volume I，Phenix Village，Kwantung，China[M]. Taipei：Ch'eng-Wen Publishing Company，1972：18.

[3] GRAHAM B. Heritage as Knowledge：Capital or Culture？[J]. Urban Studies，2016(39).

[4] DEKESEREDY W S，MUZZATTI S L，DONNERMEYER J F. Mad Men in Bib Overalls：Media's Horrification and Pornification of Rural Culture[J]. Critical Criminology，2014(2).

[5] BARBOSA L P. Educao do Campo[Education for and by the Countryside] as a Political Project in the Context of the Struggle for Land in Brazil[J]. Journal of Peasant Studies，2016，44(1).

[6] 亨廷顿. 变化社会的政治秩序[M]. 王冠华等译. 上海：上海译文出版社，1989：267.

[7] Pannilage U. Globalisation and Construction of Local Culture in Rural Sri Lanka[J]. Sociology Research：English，2016(7).

[8] 维柯. 新科学[M]. 北京：商务印书馆，1997：129.

优势，使得乡村本土文化处于被动境地。斯威德勒（Swidler A）认为，全球化背景下，乡村旧产业是乡村文化建设的基础，这就需要通过乡村文化建设帮助村民在乡村旧产业中认识并找回自己的自信与价值[1]。

1.4.2.2 关于“发达国家乡村建设的成功模式”研究

日本“一村一品”的魅力乡村建设把人、文、地、产、景五类资源的挖掘和保护利用作为核心，通过村民主导、政府协作、社会支持的组织方式，注重发挥村民参与“造村运动”的自主性和积极性[2]。韩国“村民主体型”的新村运动是以政府引导、村民主导和项目合作开发为动力和纽带的，在村民自发、自觉地参与下，实现了乡村的现代化。瑞士“生态环境型”乡村建设模式通过政府制定相关激励政策，营造优美的田野环境，增设交通等公共设施，强调将乡村的生态、旅游、文化、休闲以及经济价值相结合，原真性保护传承老城镇风貌，浓缩历史文化，实现乡村社会的增值发展。在“循序渐进型”乡村治理模式下，德国政府通过实施政策层面的法律法规，对乡村建设发展实行合理规划和引导，通过有机更新的方式，保持乡村的地方特色和独特优势来促进乡村社会的有序发展。美国“城乡共生型”乡村小城镇建设实质就是政府以乡村完善的公共服务体系和发达的城乡交通条件为基础，通过小城镇建设促进城乡等值化，并通过城乡一体化发展策略来推动乡村社会的发展[3]。意大利小城布拉的“慢城”理念，寻求将现代化技术与传统生活方式相结合，通过打造乡村生态博物馆，帮助村民生活得更加美好。加拿大的“伙伴协作型模式”改变了以往政府主导的高高在上的形象，通过乡村多元主体之间的跨部门协商合作形成

---

[1] SWIDLER A. Culture in Action：Symbol and Strategies[J]. American Sociological Review，1986(2).

[2] 王国恩，杨康，毛志强. 展现乡村价值的社区营造——日本魅力乡村建设的经验[J]. 城市发展研究，2016，23(01)：13-18.

[3] 沈费伟，刘祖云. 发达国家乡村治理的典型模式与经验借鉴[J]. 农业经济问题，2016，37(09)：93-102+112.

战略伙伴关系，最终共同致力于乡村社会的繁荣发展。

1.4.2.3 关于“西方文化反思与批判”研究

西方学者较少使用“文化自觉”这一概念，但是西方的文化自觉是对西方现代化发展过程中暴露出来的文化霸权、文化冲突、文化危机、文化转型、文化认同等问题而逐渐产生的自我理性审视、文化反思和文化批判，这些蕴含着有关文化自觉的理解和诠释，也为国内文化自觉的提出和研究提供了有益的理论参考。一是斯宾格勒(Spengler)、汤因比(Toynbee)、雅斯贝尔斯(Jaspers K T)、亨廷顿(Huntington S P)等历史哲学家从“文化冲突”视角对西方文化进行反思。斯宾格勒以文化有机体为基础，主张把文化作为重新审视历史的基本单位。他指出，“每一种文化如同生命一样，也是一个有机体，它有着自己的观念、愿望、情欲、情感以及自己的死亡”[1]。每一种文化都是一个有机的历史循环过程，具备诞生、成长、兴盛、衰落、消逝几个阶段，西方文化正由兴盛走向衰落。他否定欧洲中心论，强调要以平等的姿态、开放的胸襟来理解其他民族的文化，这体现了对西方文化的自觉。汤因比也认为，每一种文明都要经历起源、生长、衰落、解体、灭亡的阶段，灭亡是每一种文明必然面临的结局。文明的衰落和解体在于没能成功地应对挑战，造成社会体系和灵魂的分裂[2]。雅斯贝尔斯提出了著名的“轴心时代”命题。他认为，轴心时代的希腊、以色列、中国和印度四个文明地区的文化都发生了“终极关怀的觉醒”和产生了“宗教”[3]。它们是对原始文化的超越和突破，并决定了如今这几个地方的不同的文化形态。这段时期是人类文明精神的重大突破期，也是人类历史上首次的文化自觉时期。亨廷顿指出，世界存在的多种文明力量对比的变化会导致文明冲突，因为“每一种文

---

[1] 斯宾格勒. 西方的没落(第1卷)[M]. 吴琼，译. 上海：上海三联书店，2006：8.
[2] 汤因比. 历史研究(上卷)[M]. 郭小凌，译. 上海：上海人民出版社，2010：187.
[3] 董晓丽. 从阴阳五行说看春秋战国时期的美学思想[J]. 管子学刊，2012(2)：54-57.

明都把自己视为世界的中心”[1]。以美国为首的西方文明在当前无疑具有相当强大的硬实力，但单靠硬实力主导世界的时代已经一去不复返，非西方文明的力量增长以及本土文化的复兴使得西方文明必须做出应对，从而搅动了文明冲突的发生[2]。而为了共同应对这一威胁，世界秩序的重建也就成为必然。对西方文化的认同反思和对非西方文化的分析比较，充分体现了亨廷顿的文化自觉思想。二是早期马克思主义、法兰克福学派等从“文化批判”视角展开对人类文化的关注与思考。格奥尔格·卢卡奇(Georg Lukács)的物化理论是对马克思异化思想的“微进化”[3]，是从文化的“物化”现象入手来批判资本主义社会对人性的压抑，并指出人越占有文化和文明，越会失去做人的本质。安东尼奥·葛兰西(Gramsci A)提出了“文化领导权”思想，他认为，意识形态的控制比物质力量更重要，必须强调文化和思想意识所具有的政治作用，统治阶级要牢牢掌握意识形态领域的领导权。以霍克海默(Horkheimer M)、阿尔多诺(Aldono)、马尔库塞(Marcuse H)为代表的法兰克福学派侧重于对技术理性的文化批判，着眼于个性的张扬与解放，呼唤文化精神的觉醒。哈贝马斯(Habermas J)提出了“交往理性”学说[4]。他认为，交往理性是指人们在无外界压力的语境下，通过对话与沟通，达成合理的共识，以实现社会行动或行为的和谐。这种交往理性是人的本性的东西，它曾对人类社会进化做出突出贡献。可以看出，西方学者从不同角度对西方工业文明所引发的文化危机和困境进行了反思，采取的也是文化哲学的研究路径，这本身就是一种文化自觉。他们还展现出对遏制文化冲突和多元文化和平共存的自觉意识和积极行动，体现了当代哲学的文化研究倾向。因此，西

[1] Huntington S P. The Clash of Civilizations and the Remaking of World Order[M]. New York: Simon & Schuster, 1996: 22.

[2] 张鑫. 文化冲突的经典范式解读及中国启示[J]. 新疆社会科学, 2018(06): 121.

[3] 石元波. 当代中国消费文化的现实困惑与超越[D]. 哈尔滨: 哈尔滨师范大学, 2017: 24.

[4] 陈曦. 从技术理性批判到交往理性构建——哈贝马斯技术哲学思想研究[D]. 沈阳: 东北大学, 2013: 20.

方学界丰硕的文化反思、文化反省和文化批判等文化哲学理论成果，必将为新时代中国乡村建设的文化自觉研究提供重要的理论支撑和实践参考[1]。

综上所述，西方学界在乡村建设和文化自觉的相关领域已经取得了非常多的研究成果。西方学者重视乡村建设中的文化问题研究，对乡村建设中的具体问题进行了原因剖析、机理阐释与对策设计，并总结出了成功的乡村建设模式。众多学者将文化本质、文化流变、文化交往、文化冲突、文化比较、文化反思、文化批判等作为文化研究的核心，这都体现出在其自身文化基础上的高度自觉，特别是在文化反思和文化批判研究方面产生了极为丰富的理论成果。毋庸置疑，这些成果为本研究提供了文化理论和研究方法上的借鉴，使笔者力求以一种全球化的眼光和理性的态度来探讨新时代中国乡村建设的文化自觉问题。但是，大部分西方学者在进行文化反思与批判的过程中持有一种文化精英的立场或文化激进主义的态度，他们的文化反思与批判确实是对文化中心主义、文化权威主义的解构，但反思与批判的目的不是为了建构一种更为合理的文化秩序和文化理想，而是文化相对主义、价值虚无主义、怀疑主义、文化保守主义、文化民族主义的倾向，所以，我们对这种文化研究态势的科学性和合理性需要引起警惕。

总之，国内外学者对乡村建设进行了广泛和深入的研究，对于文化自觉的研究似乎已经面面俱到。但是，将乡村建设和文化自觉结合在一起的研究文献不多，缺少乡村建设领域中的文化自觉研究，也缺少从文化自觉的视角去审视和探讨乡村建设，更缺少在文化哲学视域中展开乡村建设的文化自觉研究。正因为如此，对这些环节的研究还有待进一步深入和拓展，这也是本文的选题意义和研究使命所在。

---

[1] 胡港云. 大学文化自觉及其提升研究[D]. 长沙：湖南大学，2016：8.

1.5 研究内容与研究方法

1.5.1 研究内容

从文化自觉的视角反思和观照当前的乡村建设，是新时代中国乡村建设发展的现实需要。本书运用哲学之维与思辨之道，在哲学研究范式中展开乡村建设的文化自觉研究，即从哲学本体论中追问乡村建设的文化自觉“是什么”、从哲学价值论层面诠释乡村建设的文化自觉“何以需要”、从哲学认识论层面反思乡村建设的文化自觉缺失“何以发生”、从哲学实践论层面研究乡村建设的文化自觉“何以实现”。在此一系列的追问过程中，力图深刻揭示乡村建设中文化自觉的意涵、价值、认知及路径实现等问题，这是对乡村建设的文化自觉研究进行系统的哲学分析与建构，也是乡村建设的文化自觉研究逻辑使然，是本书提出、分析和解决问题的过程。

全书共六章，主要内容如下：

第 1 章，绪论。对选题背景作出问题反思与总结，分析了选题意义及研究价值。对乡村建设、乡村文化、文化自觉等论文关键词进行了概念厘定，并围绕“乡村建设的文化自觉”这一核心问题进行了国内外相关文献梳理与述评，确定了论文的研究方向、研究思路和研究内容，进而明确了全书的研究方法，提炼出全书主要创新点，撰写了全书研究框架，绘制了研究路线图。

第 2 章，乡村建设的文化自觉“是什么”的语境澄明。首先，从乡村建设中文化自觉的生成逻辑入手，探析乡村建设的文化自觉的发生语境，指出文化自觉是乡村建设的必然要求，这也是由文化自觉的本质所决定的。其次，对乡村建设的文化自觉概念、本质内涵进行界定，指出乡村建设的文化自觉是一种与人的实践活动并存的历史现象和文化意识，乡村建设中文化自觉的本质在于人对乡村自身文化起源、过程、特色和趋向的自我认知、自我反思和自我超越，进而实现人的自我觉醒和觉悟。最后，对乡村建设的文化自觉研究进行定位，包括其研究视野、考察维度两个方面，并进一步明晰了本书所要解决的五个问题，即乡村建设中文化自觉的"价值问题""主体问题""发展问题""实践问题""生态问题"。

第3章，乡村建设的文化自觉"何以需要"的价值诠释。一是提出了乡村建设中文化自觉的理性、实践性和历史性的价值特性，这三方面的价值特性在乡村建设的文化自觉的理论与实践应用中，能够很好地解决现实中的问题。二是针对上文的"五个问题"，针对性地提出了五个方面的乡村建设的文化自觉价值建构，即文化自觉是促进乡村文化价值建构的现实需要、具有强化乡村文化主体地位的价值取向、体现了乡村文化传承创新发展的价值诉求、具有促进乡村本土文化认同和再造的实践价值和彰显乡村多元文化和谐共生的生态价值。

第4章，乡村建设的文化自觉"何以缺失"的认知分析。首先，指出全球化进程中的乡村多元文化冲突是造成乡村建设的文化自觉缺失的背景和成因。其次，深入阐述当前中国乡村建设的文化自觉缺失主要表现在乡村文化价值危机、乡村建设主体的文化失语、乡村文化传统失序、乡村本土文化失范、乡村文化生态失衡五个层面。最后，对乡村建设的文化自觉缺失根源进行深刻剖析并指出：现代性扩张是造成文化自觉缺失的外部根源；二元结构是造成文化自觉缺失的内部根源；文化认同危机是造成文化自觉缺失的历史根源。

第5章，乡村建设的文化自觉"何以实现"的实践路径。这是本书的重点。针对上文表述的文化自觉缺失问题，本章一一对应提出了乡村建设的文化自觉实现的具体解决方案，即以价值自觉推动乡村文化价值重建、以主体自觉推动乡村建设动力重构、以发展自觉推动乡村文化的传承创新、以实践自觉提升乡村建设的文化场景、以文化生态自觉促进乡村多元文化的和谐共生五个方面的路径建构，为实现乡村建设的文化自觉之路提供了分析框架、应用场景和路径策略。研究旨在建构新时代乡村建设的文化自觉观，以期为新时代中国乡村建设实践提供新思维、新理念，促进乡村建设的健康发展。

第 6 章，结语。包括总结、不足之处与展望。

附：全书的研究路线图(图 1-1)

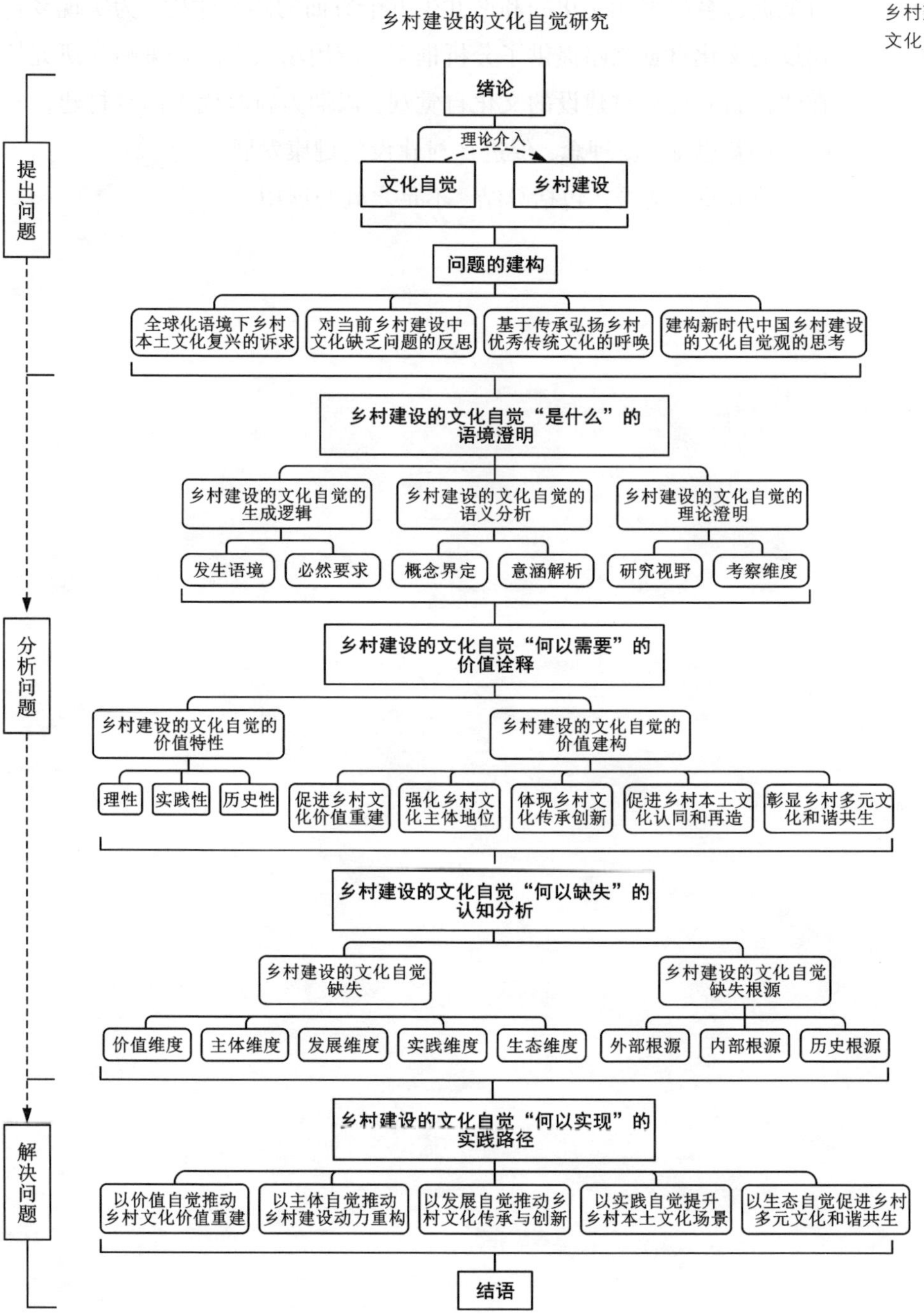
乡村建设的文化自觉研究
提出问题
绪论
理论介入
文化自觉
乡村建设
问题的建构
全球化语境下乡村本土文化复兴的诉求
对当前乡村建设中文化缺乏问题的反思
基于传承弘扬乡村优秀传统文化的呼唤
建构新时代中国乡村建设的文化自觉观的思考
乡村建设的文化自觉“是什么”的语境澄明
乡村建设的文化自觉的生成逻辑
乡村建设的文化自觉的语义分析
乡村建设的文化自觉的理论澄明
发生语境
必然要求
概念界定
意涵解析
研究视野
考察维度
分析问题
乡村建设的文化自觉“何以需要”的价值诠释
乡村建设的文化自觉的价值特性
乡村建设的文化自觉的价值建构
理性
实践性
历史性
促进乡村文化价值重建
强化乡村文化主体地位
体现乡村文化传承创新
促进乡村本土文化认同和再造
彰显乡村多元文化和谐共生
乡村建设的文化自觉“何以缺失”的认知分析
乡村建设的文化自觉缺失
乡村建设的文化自觉缺失根源
价值维度
主体维度
发展维度
实践维度
生态维度
外部根源
内部根源
历史根源
解决问题
乡村建设的文化自觉“何以实现”的实践路径
以价值自觉推动乡村文化价值重建
以主体自觉推动乡村建设动力重构
以发展自觉推动乡村文化传承与创新
以实践自觉提升乡村本土文化场景
以生态自觉促进乡村多元文化和谐共生
结语

图 1-1　全书的研究路线

1.5.2 研究方法

第一，跨学科研究法。乡村建设的文化自觉研究是一项多学科的综合交叉研究，本书将文化自觉切入乡村建设领域，会涉及文化哲学、乡建学、社会学、人类学、马克思主义理论、伦理学、艺术学等诸多学科内容。譬如从哲学角度阐释乡村建设中文化自觉的本质、内涵、价值和意义，运用马克思主义唯物辩证法看待与处理乡村多元文化矛盾与冲突，从文化学角度对乡村文化的多维度研究贯穿全文始终，从艺术学角度探究如何通过艺术介入提升乡村本土文化场景等。在此研究过程中，跨学科的研究深化了乡村建设的文化内涵，也拓展了文化自觉的研究领域。

第二，历史与逻辑相统一的方法。文化自觉是推动人类文化历史发展的内在动力，历史性、理性、实践性都是其本质属性。乡村建设的文化自觉研究架构建立在翔实的历史与逻辑相统一的基础之上：一是从历史唯物主义的视角出发，在乡村建设历史发展中找出文化自觉的生成逻辑及其与乡村文化发展之间的内在关联及同轨性逻辑，并在对乡村建设的文化自觉进行哲学分析时，结合其史论基础进行理论建构和实践推演。二是在进行乡村建设中文化自觉的维度考察时，对乡村建设中文化自觉的价值逻辑、主体逻辑、发展逻辑、实践逻辑和生态逻辑都进行逻辑探索和深度阐释。

第三，比较研究法。文化比较是文化自觉的表现，进行文化比较研究才能达到真正的文化自觉。本书需要自觉地在全球化和现代化情境中反观乡村文化自身，在乡村传统文化与现代文化、乡村文化与城市文化、乡村本土文化与外来文化、乡村不同地域文化之间、乡村内部不同文化阶层之间的历时性、共时性比较中：一方面，增强乡村文化危机意识，主动找出乡村文化的发展困境、原因及解决路径；另一方面，通过乡村多元文化关系的比较，找准乡村文化的发展方向和价值目标，明确需要批判什么、继承什么、发展什么，在文化比较中探究如何实现乡村多元文化共存共处的问题。

第四，田野考察法。本书研究扎根田野，践行费孝通提出的“从实求知”的学术原则，做到“知行合一，研以致用”的实证研究。一是确立了研究对象和目标，选取典型乡村作为案例和样本，从调研和搜集数据、素材出发，在乡村开展了一系列问卷调查、人员访谈和影像记录。二是了解、分析和掌握了当前中国乡村建设的发展现状，包括村民的价值观、乡村建设的主体、乡村文化资源的开发与利用、艺术乡建的效果、乡村的文化生态等急需研究解决的问题。三是撰写调研报告和建立理论模型，将考察实践转化为理论研究成果，使理论紧密联系实际，以更科学、更深入和更可信的方式对一手资料进行多维阐释。

1.6 创新之处

第一，视角创新。本书为新时代中国乡村建设提供了“文化自觉”的研究视角，从文化自觉的新视角来审视与观照乡村建设问题，这在目前国内的研究中还比较少见。通过从文化自觉的角度剖析乡村建设中存在的文化自觉缺失问题及其根源，明晰了文化自觉视域下乡村建设的研究定位，明确了乡村建设的文化自觉的研究方向、研究内容、研究目标。新时代中国乡村建设的研究需要文化自觉的介入，需要文化自觉理论的铺垫，也需要文化自觉思想的引导。

第二，理论创新。本书系统地建构了“新时代中国乡村建设的文化自觉观”理论研究框架，从乡村建设的建设维度和文化自觉的自觉维度中，找出双方共同的研究契合点，梳理出论文的研究方向和逻辑进路。也就是从乡村建设的“天、人、文、景、地”五个维度，来展开乡村建设的文化自觉研究，这五个维度都和乡村建设的文化问题有关联，也是文化自觉可以拓展和应用的领域。同时，从文化自觉的“价值自觉、主体自觉、发展自觉、实践自觉、生态自觉”五个自觉维度，来对应乡村建设的五个维度，旨在解决乡村建设中的文化问题，实现乡村建设的文化自觉之路。这不仅从学理上建构了乡村文化建设的理论基础，而且有助于完善和推动文化自觉理论的创新运用，实现了乡村建设和文化自觉两方面的理论拓展，为新时代中国乡村文化发展研究做出了重要理论铺垫。

第三，研究方法的新探索。乡村建设的文化自觉研究不同于单纯的文化研究，也不是单纯的哲学思辨。它需要文化研究与哲学研究的结合与互动，它要求文化研究的支撑，也要求哲学观点和方法的运用。哲学的文化研究和文化的哲学思考都是文化哲学的内在维度[1]，因此，本书属于文化哲学的研究范畴。一方面，本书采用了哲学的研究范式来探讨乡村建设的文化自觉问题，即在哲学视域下探究乡村建设的文化自觉“是什么”“为什么”“怎么做”的问题，通过对乡村建设的文化自觉的内在逻辑、历史发展、价值取向、实践路径的探究，力求达到本体论、价值论、认识论和实践论的统一。这也是从哲学方法论的层面去建构问题解决的分析框架，具有寻根究底、追本溯源的作用，旨在拓展和深化对乡村建设的文化自觉研究方式、实现方式的理论探讨的视域和深度。另一方面，本书从唯物史观的角度来探究乡村建设中的文化自觉的生成逻辑和本质内涵，要求深刻理解文化自觉与乡村建设的内在关系，整体把握乡村建设发展的历史和现实，正确认识文化自觉建构与乡村文化发展的关系，以期实现乡村建设中文化自觉的当代价值，最终服务于乡村建设的文化自觉实践。

[1] 王现东. 文化哲学视域中的价值观研究[D]. 泉州：华侨大学，2012：19.

2

乡村建设的文化自觉“是什么”的语境澄明

乡村建设的文化自觉研究要厘清与命题相关的一系列问题域限。第一，要在客观认识文化自觉发展历程的前提下，了解乡村建设中文化自觉的生成逻辑，要搞清楚乡村建设与文化自觉的关系，明白乡村建设中文化自觉的意义。第二，展开乡村建设的文化自觉语义分析，进行乡村建设的文化自觉概念界定，深刻领会乡村建设中文化自觉的本质内涵。第三，乡村建设的文化自觉理论澄明，要明确当前乡村建设中文化自觉的研究视野和定位，确定乡村建设中文化自觉的研究维度，进行深入的分析与阐释，在全球化时代与乡村现代化进程中把握乡村建设的文化自觉生成逻辑和文化使命，构建体现时代合理性与历史必然性的新时代中国乡村建设的文化自觉。

2.1 乡村建设的文化自觉的生成逻辑

在乡村建设的现代化进程中，任何文化认识、文化追求、文化行为和文化力量的形成，都离不开文化的觉醒和自知。文化自觉是推动文化建设的思想基础和文化繁荣发展的强大动力。尤其是在当前我国乡村建设的文化问题还比较突出的背景下，实现高度的文化自觉是乡村建设健康发展的先决条件，更是乡村建设的内在逻辑要求。本书通过对文化自觉的生成脉络和学理释义进行分析，洞彻文化自觉的丰富内涵，从而在理论层面确立一种自觉回应乡村建设中文化自觉的逻辑生成与意义向度。

2.1.1 乡村建设的文化自觉发生语境

我们知道，“文化自觉”是费孝通先生于新旧世纪交替之际正式提出。其目的是应对经济全球化的发展趋势，探究在中国现代化的历史进程中如何加强中华文化转型的自主能力、如何保持中华民族的自觉和文化主体性地位的问题。费孝通的文化自觉设想不是一种静态的文化结构和理论镜像，而是对文化地位作用的深刻认识、对文化发展规律的正确把握、对文化实践及责任的主动担当[1]。由于所处历史阶段不同，其建构逻辑也不一样，费孝通的文化自觉发展历程大致可归

[1] 周艳红，刘仓. 从费孝通的“文化自觉”到习近平的“文化自信”[J]. 广西社会科学，2016(9)：193-197.

纳为三个阶段：文化自觉的酝酿期、文化自觉的确认期和文化自觉的发展期。

一是从19世纪末至20世纪40年代，中国农业文化与西方工业文化之间的接触、冲突、理解、嫁接、融合贯穿于乡村社会文化变迁的全过程，费孝通基于探索乡村重建的目的，对江村进行了充分的田野调查和文化思索。他发现当地农民为了改善自身的生产生活状况，能够主动地接受西洋文化和工业技术，并将之运用到自身的文化与技术变革中去，以期解决自身的饥饿问题。在这一过程中，农民并没有抛弃自身的文化传统，而是在传承自身文化基础上展开了“文化自救”。由此，从农民的生存条件以及他们的“主动变革精神”出发，费孝通认为，一方面要创造性地改变中国乡土社会基层结构中的“差序格局”，因为这是通过“一根根私人联系所构成的网络”维系着家族关系和乡土社会秩序。在这种关系格局中，一切价值体现的都是“自我中心主义”和“特殊主义”伦理。这和西洋社会的“团体格局”是不同的，在团体格局里个人间的联系靠着一个共同的架子[1]，先有了这个架子，每个人才互相发生关联。另一方面要在中国文化的语境中建立起一种公平公正的社会组织结构，并将器物层的技术认同深化到价值层的文化认同，中国的现代化才会得以可能[2]。费孝通写的《江村经济》这本书可以作为这一时期的代表作，但他的文化主张尚处于文化自觉思想酝酿的阶段，其内在的逻辑关系尚未展开。

二是进入20世纪80年代，这是在中国现代化语境中的文化自觉确认期。面对改革开放以来乡村文化与城市文化、传统文化与现代文化、本土文化与全球文化之间的对立与冲突，费孝通的理论视野聚焦于中华民族内部的文化生态失衡问题，思考如何使传统文化的积极因素得以涌现，其逻辑重心立足于在全球文化挑战下如何挖掘本土文化的优良因子、如何凸显文化生态内部的文化主体性。为此，费孝通提出了“文化自主性”的问题，他说，我们主张在各个已有文化适应新环

[1] 费孝通. 乡土中国[M]. 北京：人民出版社，2015：35.
[2] 蔡后奇. 哲学视域下的“文化自觉”思想研究[D]. 大连：大连理工大学，2017：25.

境的过程中，强调文化选择的自主地位，反对任何文化虚无主义和文化中心主义论调，辩证地和实事求是地看待已有文化。同时，针对“城乡关系”和“边区开发”两条调研线索，费孝通经过多次实地调查和研究，提出了区域整体发展思路，进而提出不同经济模式的比较研究，如苏南模式、温州模式、珠江模式，以及珠三角大开发、长三角一体化等。这些经济模式本身和这些地区的社会文化有着密切联系，在实现该地区经济发展的同时，也实现了该地区文化传统的传承和发展，并利用本土文化特色在现代化语境中彰显出的自身优势，实现了该地区文化发展模式在一定范围内的“和而不同”。费孝通还对四川、云南、贵州等多民族省份和内蒙古、宁夏、甘肃、青海等边远地区的现代化状况进行了实证考察，并在此基础上提出“中华民族的多元一体格局”，从历史上、地域上、人文上论述中华民族多元一体的形成过程。“文化自觉”思想也正是在这一时段对这些地区的调研中构想出的。费孝通认为，人们在你来我往、互惠互利中形成一个多元文化共生的格局，并通过重建民族自觉、自立和自强，发挥各民族团结互助的精神，达到共同繁荣的目的。

三是步入20世纪90年代，进入全球化背景下的文化自觉发展期。伴随经济全球化发展趋势，各民族、地区、国家之间的文化交往更加频繁、深入，文化自觉作为显性的时代命题被表征出来，并在古今中外的宏大语境中展开。文化自觉是在“多元一体”理论基础之上的升华，标志着费孝通的文化探索进入“文化自觉”阶段，也成为他学术人生的最后议题。他不仅对“文化自觉”概念进行了定义式的阐释和解说，还希望大家通过“文化自觉”，致力于中国社会和文化的科学反思，用实证主义态度和实事求是精神来认识和理解自身的文化[1]。并通过掌握文化转型的主动权，重建民族文化自信心，巩固国家和民族认同，建立“和而不同”的美好社会[2]。这一时期的文化自觉蕴含

[1]　周景春. 中国大学理念的文化哲学审视[D]. 长春：东北师范大学，2009：24.

[2]　徐平. 费孝通文化思想演变及其文化自觉实践[J]. 中南民族大学学报（人文社会科学版），2020，40(01)：26-31.

在全球文化转型的背景之下，是对中华民族文化主体性诉求的回应，并澄明出中华民族文化自觉的历史使命与生成路径。

综上，我们通过梳理费孝通的文化自觉生成脉络，目的是找到文化自觉与乡村建设的内在关联性，了解乡村建设的文化自觉发生语境，从而找出乡村建设的文化自觉生成逻辑的起点。从文化自觉的生成脉络中可以看出：一方面，文化自觉思想的生成与费孝通先生一直以来对乡土中国、乡土重建、城乡关系和民族文化发展等问题的关注与思考息息相关。文化自觉的提出正是以对中国不同少数民族地区的农村生活考察为基础，也是其在对农民生活状况的田野调查中完成的，因此，乡村建设的实践发展自然而然地成为文化自觉理论的考察对象，中华民族的文化自觉孕育着人们的乡村文化自觉意识。另一方面，需要指出的是，费孝通对于文化自觉的阐述，多是在对中国知识分子的一种倡议的语境下提出的，其需要的内部逻辑建构和外部逻辑应用都尚未展开。特别是在“新时代”背景之下，“应该坚持什么样的文化认识论”已成为当下学术热点问题，“文化自觉”有必要引起当前学界的进一步思考与研究，并进入我们的学术视野，这不仅缘于时代主题发展的需要，还缘于理论的实践使命，这也是众多学者所推崇的研究的现实意义。在这个意义上，我们梳理文化自觉的生成脉络和演进过程，总结费孝通的学术历程和学术贡献，就是为了从更高、更远、更宽的视角着眼与思考，对文化自觉的研究“接着说”“继续说”，使其成为一个常识之词而非溢美之词，赋予其更多的时代价值。本书的乡村建设的文化自觉研究，便是从“文化自觉”的视角观照“乡村建设”中的问题，从作为“时代文化精神导向”的哲学高度去诠释乡村建设的文化自觉是什么，乡村建设的文化自觉从哪里来，继而探究乡村建设的文化自觉有何价值、何以发生与何以实现等问题。

2.1.2 文化自觉是乡村建设的必然要求

梁漱溟说过，“创造新文化才是乡村建设的真正意义”[1]。乡村文化是乡村建设的灵魂与内核，乡村建设需要唤起人们对乡村文化发展道路以及乡村文化命运的探索和筹划，就是要唤醒乡村民众的文化自觉意识。乡村建设需要文化自觉，在近现代乡村建设的宏观历史背景中就孕育着人们的文化自觉，这同时也是由文化自觉的本质所决定的。文化自觉的本质强调文化主体的文化实践，文化实践是文化自觉的源泉和动力、目的和归宿。文化自觉必须和文化实践相结合，脱离了文化实践的文化自觉就成了无源之水、无本之木；脱离了文化实践，文化自觉就成了自说自话的空洞说教。文化自觉不仅是一种文化意识上的自觉，还是一种实践意义上的自觉，具有高度的人文情怀和责任担当，是作为主体的具有一定思想认识的人从文化的视角思索文化发展规律，理性反思自身民族文化与外来异族文化的一种向度与方式。其旨在通过文化观念与文化行为推动对文化理想的追求。因此，从认识论的观点来审视文化自觉在乡村建设中的地位与作用，拥有了实践意义的文化自觉就不再是单向度的理论探讨，而是实现了理性逻辑与实践逻辑的双向逻辑互动，它的文化主体意识、文化价值追求和文化实践要求成为乡村建设的科学实践方法的坐标，是乡村建设的文化自觉生成的逻辑必然。唯有增强文化自觉，才能更好地引领人们进行乡村建设实践，做到对乡村文化自主地位与作用的自觉。更进一步说，文化自觉是破解乡村文化危机和乡村民众焦虑的精神武器，是对乡村多元文化矛盾与冲突的理性表达，是提高乡村本土文化话语权的先决条件，更是乡村文化建设中需要不断重建的路标。

一部百年中国乡村建设的历史，正是一部乡村新旧文化矛盾冲突、交织融合的历史，是旧文化衰亡、新文化不断被创造的历史。可以说，历史上每一次乡村建设又都是“文化自觉”的体现与应用。乡村

[1] 梁漱溟. 梁漱溟全集(一)[M]. 济南：山东人民出版社，1992：611.

建设是一种实践活动，文化自觉“既是一种文化意识，又是一种价值观，更是一种文化实践论”[1]。两者结合，文化自觉起到了理论指导实践的作用，即通过对乡村建设中文化问题的认同与比较、反思与批判、创新与发展，探讨乡村建设走向文化自觉的途径与方法，使乡村文化在全球化、现代化、城市化的大背景下被赋予了新的价值和意义。在乡村建设中，文化自觉的本质内涵具体表现在以下三个层次：

一是增进乡村文化认同与选择。文化认同是文化自觉的前提和根基。文化认同(cultural identity)是人们对一个民族共同体中最有意义事物的肯定性体认和由此产生的归属感，是凝聚和延续这个民族共同体的精神纽带和精神基础。乡村文化认同主要表现为对乡村优秀传统文化的“自我认同”，要对乡村优秀传统文化资源进行全面清理，发掘乡村优秀传统文化中对乡村现代化建设具有价值的内容。因为“传统文化资源是一个国家和民族的文化基因和精神家园，是一个民族进步和发展的物质根据地和创新动力源”[2]。乡村文化认同是乡村文化选择的基础，乡村文化选择是达到文化自觉的桥梁和途径。乡村文化选择是在乡村文化认同的基础之上做出的文化认识、文化比较、文化抉择以及吸收他者有益文化的过程和行为。只有认同乡村自身文化价值，以认同的内在宽容性化解对抗性，才能唤起乡村民众参与乡村建设的主体意识，并在尊重乡村多元文化存在的前提下，积极倡导文化交流中的整合型文化自觉，以“一”统“多”地做出正确文化选择，从而既保持乡村文化的自主性与个性，又实现乡村多元文化的兼容互补与融通合一，表达出对乡村文化理想状态的期待和想象。

二是进行乡村文化反思与批判。在乡村建设中，文化自觉蕴含着对乡村文化的反思和批判。这种反思和批判有利于自觉认识乡村文化的生成过程、内在本质和现实困境等，通过理性思考、自觉关照和承传鼎新，揭示乡村文化精神内核，洞察乡村文化优劣长短，延续乡村

---

[1] 廖辉.教学研究范式的文化转换[J].现代教育管理，2009(9)：73-77.

[2] 孟宪平.文化安全、文化自觉与文化认同——我国的文化安全问题及其应对[J].理论探索，2008(06)：41.

文化血脉。在黑格尔看来，“思维，是一种后思(nachdenken)亦即反思。反思以思想的本身为内容，力求思想自觉其为思想”[1]。从某种意义上说，文化自觉就是一种文化反思，不断地探究与挖掘自我深层次文化精髓，因为文化自觉在于以人性自觉、价值理性、辩证批判的态度提供一种实践性的“文化反思”，而不是一种外在描述性的“文化解释”。确切地说，文化自觉的实践本质告诉我们：人们必须为建立基于乡村文化之上的理想信念矢志不渝，同时必须以时代精神反思、指引、论证和创新这种信念本身[2]。如果我们不进行乡村文化反思，实际上也就抛弃了乡村文化，这将意味着乡村建设中文化自觉的丧失，乡村文化也将因为失去动能而走向没落。批判就是对现有文化的不满和抨击，它既是人类的理性反思又是人类的自觉行动。正如霍克海默所说，“就批判而言，我们指的是一种理智的、最终注重实效的努力，即不满足于接受流行的观点、行为，不满足于不假思索地、只凭习惯而接受社会状况的那种努力”[3]。乡村文化批判是乡村文化主体对自身文化存在方式和演变过程的主动审视和反省，是以文化自觉的精神觉醒对当前所面临的乡村文化危机进行积极的文化反抗和自我拯救[4]。缺乏乡村文化批判性的乡村文化反思是不深刻、不彻底的反思，只能流于表面、陷入迷茫、良莠不分和失去自我。特别是在与乡村外来文化的相互比较和参照中，更须树立文化批判精神，从“他者”文化立场出发审视自身，反思自身文化的逻辑前提，检讨自身文化的历史影响，克服自身文化的盲目性和自我中心的幻觉。乡村文化反思与批判是文化自觉的标志和动力，文化自觉是乡村文化反思与批判的发展和目的，乡村文化主体只有形成文化反思与批判意识，才能达到对自身文化的洞察和体认，重新识别自身文化的独特性，从而通向更高层次的文化自觉。

---

[1] 黑格尔. 小逻辑[M]. 北京：商务印书馆，1980：39.

[2] 祖国华. 文化反思与文化自觉[N]. 光明日报，2017-06-19.

[3] 霍克海默. 批判理论[M]. 李小兵，等译，重庆：重庆出版社，1989：255.

[4] 胡港云. 大学文化自觉及其提升研究[D]. 长沙：湖南大学，2016：31.

三是促进乡村文化创新与发展。创新是对现实的一种批判与否定。文化自觉是文化创新的前提和导向。而文化自觉作为一种理性的精神和行为状态，本身就能审视现实文化困境，主动将优秀传统文化精华与现代文化融合成新文化，实现自主更新和自我发展。文化自觉具有对现实文化和传统文化超越的创新性本质，是一种对文化理想的追求。同理，乡村文化创新是乡村建设的文化自觉的应有之义，提升乡村建设的文化自觉必须要有乡村文化创新的意识。乡村文化创新是乡村文化发展的推动力，乡村文化发展不仅是文化的积淀和传承，更是文化的嬗变和超越，只有不断地超越现实文化空间，才能创造出新的文化存在。乡村建设的文化自觉只有落实到乡村文化创新与发展的具体实践上，才能体现出文化自觉的本质和价值，同时，乡村文化创新又激励乡村建设主体去实现更高层次的文化自觉，向乡村未来文化发展开启一个新的起点。马克斯·韦伯指出："任何一项伟大事业的背后都存在着一种支撑这一事业成功与否的无形的精神文化气质。"[1]乡村文化创新对于乡村文化发展不是量的变化，而是质的提升，特别是对乡村传统文化的创造性转化、创新性发展，是合理扬弃、去粗取精地继承。乡村建设的文化自觉的真正目的就是建立在深厚的传统文化基础之上，立足于现实文化，通过创新推动乡村文化发展和创造出适应时代要求的乡村新文化，这体现出对乡村文化精神气质的至高至善至美境界的追求。因此，乡村建设主体是在提升文化自觉的基础上进行乡村文化创新与发展，一旦没有文化自觉，也就谈不上乡村文化创新与发展。

---

[1] 马克斯·韦伯. 新教伦理与资本主义精神[M]. 于晓，陈维纲，等译，北京：三联书店，1987.

2.2 乡村建设的文化自觉的语义分析

2.2.1 乡村建设的文化自觉概念界定

当下乡村建设中的文化问题研究方兴未艾，文化自觉在乡村建设中具有良好的服务潜能和发挥空间。我们知道，乡村建设的文化自觉既是一个实践问题也是一个理论问题，对乡村文化问题的理性思考已经成为乡村建设的文化自觉。但是当前源于文化界正在大力倡导的文化自觉，在概念上有轻微的泛化倾向，有必要对乡村建设的文化自觉加以界定，使文化自觉这个有着良好包容性和责任性的概念，真正彰显出应有之义。那么，如何界定乡村建设的文化自觉呢?

费孝通说过：“文化自觉只是指生活在一定文化中的人对其文化有‘自知之明’，明白它的来历、形成过程、所具有的特色和它发展的去向，不带任何‘文化回归’的意思，不是要复归，同时也不主张‘全盘西化’或‘坚守传统’。自知之明是为了加强对文化转型的自主能力，取得适应新环境、新时代时文化选择的自主地位。”[1]从字面上可以理解，费孝通关于文化自觉的表述是指导生活在多元文化中的人们如何建立一个和平共处的文化秩序。他将文化分成自身文化、他者文化和共处文化三个主体层面，认为文化自觉是一个用以理解和诠释自身文化历史，尊重和吸收他者文化长处，进而建构共同行为秩序和

[1] 费孝通. 反思·对话·文化自觉[J]. 北京大学学报(哲学社会科学版)，1997(3)：22.

文化准则的概念范畴。这一表述为我们进一步界定乡村建设中的文化自觉提供了理论起点和诠释空间。也就是说，文化自觉既是对自身文化和对与之共处的他者文化的自觉，也是对构建“伦理生态”和人类文化共同体的自觉；它是人类通过社会实践形成的相应文化信念和文化准则，理性地认识和把握自身命运，目的是促进人的自我觉醒和觉悟，实现人的自由而全面发展[1]。我们还可以进一步分析，文化自觉有着深层的价值和重要的意义：一是文化自觉源于对文化建设的重视，是一种文化观念，着眼于民族文化的生存和发展这个价值前提，珍惜民族文化长久而丰富的存在，包含着对于优秀民族传统文化的亲熟与热爱；二是文化自觉的核心内容是对自身文化的认知和理性把握，包含对属于自身文化的自我审视、自我觉醒、自我评判、自我更新以及自我发展等，我们绝不妄自尊大，也无须妄自菲薄；三是文化自觉的标志是核心价值观的形成，包含着对于先进文化的自觉追求、自觉汲取、自觉建设、自觉宣扬[2]，为社会提供正确行为导向；四是深化文化自觉就必须树立文化创新精神，文化自觉包含着对于传统文化的创造性转化和创新性发展；五是文化自觉的实现需要以文化和谐、文化交流与文化互补来取代文化紧张、文化焦虑与文化对抗，其终极追求是构建“和而不同、多元共生”的大同世界。

费孝通对文化自觉的界定有利于从总体上把握和认识文化自觉的一般规定。但随着时代的发展和文化自觉在不同领域研究的推进，我们有必要对乡村建设的文化自觉概念内涵进行界定。笔者认为，“乡村建设的文化自觉”是指乡村建设主体对乡村建设所依托的文化及其特点的理性认同，是对乡村文化内在矛盾与张力的理论表达并以此为指导的对乡村建设的文化反思、文化批判和文化实践。其表现为对乡村文化现状的深切了解和准确判断，推动乡村文化价值的重塑，发挥乡村建设的多元主体合力，自觉进行乡村文化的保护、传承与创新，提升乡村建设的本土文化场景，最终实现乡村多元文化和合共生的文

---

[1] 李睿. 中国共产党文化自觉研究[D]. 兰州：兰州大学，2014：31.

[2] 王蒙. 王蒙谈文化自信[M]. 北京：人民出版社，2017：86.

化理想。同时，我们要认识到，乡村建设的文化自觉是对乡村文化危机与乡村文化自觉缺失的根本状况的深刻领会，是乡村建设主体对自身与乡村文化现实之间的互动关系在哲学层次上的反思与醒觉。作为一个饱含理论意蕴和实践意向的时代命题，它包括意识和实践两个层面，即“我是谁”的认知上的自觉和“我要做什么、怎么做”的行动上的自觉。它不但是一种指导乡村建设的文化理念，更是一种对乡村建设实践的行动指南。在本文中，乡村建设的文化自觉研究是重点审视乡村建设中的价值、主体、发展、实践和生态等方面的文化问题，目的在于促进乡村建设的文化自觉的实现。

基于上述对“文化自觉”和“乡村建设的文化自觉”概念界定，本文有必要对“乡村文化自觉”的概念进行同步界定。笔者认为，“乡村文化自觉”是指对乡村文化的自觉，即乡村建设主体在乡村文化上的觉悟和觉醒，以及对乡村文化的历史、地位、作用、发展规律和建设使命的深刻认识和准确把握。这是在乡村多元文化交流中所体现出来的一种人们对自身所在乡村文化发展命运的自觉意识，是以理性的态度捍卫乡村文化在乡村多元文化体系中的文化主体地位和价值，通过在文化实践中的文化理解和文化创造，实现对乡村文化传统的自我审视、自我反思和自我创新，并在此基础上关注和探求乡村社会的发展进步。同时，辩证反思异质文化，既不盲目崇拜，也不盲目跟从与迷失自我，以包容的心态对待异质文化，取其精华、弃其糟粕，其目的是加强乡村文化发展的自主能力。

2.2.2 乡村建设的文化自觉意涵解析

文化自觉的意涵可以用费孝通先生的“各美其美，美人之美，美美与共，天下大同”十六字箴言予以概括[1]。其中，“各美其美”实现各自对自身文化的熟悉、认同与自信；“美人之美”实现对外来他者文化的尊重与汲取；“美美与共”实现文化之间的价值共识与多元融合，

[1] 李睿. 中国共产党文化自觉研究[D]. 兰州：兰州大学，2014：33.

进而“天下大同”实现和而不同的和合共生[1]。然而，乡村建设的文化自觉意涵不会自主而简单地予以呈现，它总是凭借多种表达方式全方位地表达出其丰富而深刻的意蕴和内涵，就是通过增强乡村自身文化认同、汲取乡村外来文化精华、融合乡村不同文化所长、构建乡村文化新秩序、形成乡村多元文化联手发展的共同守则等体现出来。其具体表现如下：

第一，对乡村自身文化的自觉，这是“各美其美”的阶段。乡村文化浸润着乡里精神风貌和精神文化，造就了自身的乡土性格和乡土精神，只有以乡土文化为根基，才能形成自身的特色和优势，才能避免沦为城市文化的翻版。首先，对乡村自身文化的自觉就是要做到对乡村文化的自我认识，要做到“自知之明”，这是基础，也是核心。包括要了解和熟悉自身文化的来历、处境、现状、特点、目标等，挖掘自身文化内涵，发现和认同自身价值标准，而且能容忍“各美其美”。其次，对乡村自身文化的自觉的关键是要推动乡村优秀传统文化的传承和发展。乡村优秀传统文化是对村民的思想行为发挥规范作用的观念、价值和知识体系，是在一个民族的历史上具有稳定结构的共同精神、心理状态、价值取向和思维方式，是乡村的根脉也是中华文明的底蕴。只有促进乡村优秀传统文化的现代传承，才能为乡村文化找到一条发展的康庄大道。最后，对乡村自身文化的自觉不是为了简单地回归传统，而是为了从传统中寻找力量和支点。这既是“各美其美”的文化发展需要，也是实现乡村文化创新的重要基础，只有在此基础上，才能形成健康的乡村文化发展观，构建理想的乡村文化传承与创新模式。

第二，对乡村外来文化的自觉，这是“美人之美”的阶段。文化自觉既需要理解自我，也需要理解他者，正如斯宾格勒所说：“觉醒的意识不仅想理解它自己，而且还想理解与其类似的某些事物。”[2]要能

[1] 李艳. 文化自觉的三重释义[J]. 东北师大学报(哲学社会科学版), 2012(04): 231.

[2] 奥斯瓦尔德·斯宾格勒. 西方的没落[M]. 张兰平，译. 西安：陕西师范大学出版社，2008：11.

从他者和你不同之处发现出他者美的地方，才是真心地“美人之美”。也正如汤一介所说：“由于世界连成一片，每种文化都不可能孤立地发展。而以‘互为主观’‘互为参照’为核心，重视从‘他者’反观自身的文化逐渐为中外广大学术界所接受，并为文化的多元发展奠定了重要基础。”[1]文化自觉需要重视“他者”和“他者的眼光”，只有从“他者”的视角，才会清醒地发现自身的特点和局限。因此，乡村建设的文化自觉并非自发的、无意识地顺其自然地发展，而需要在发展过程中不断学习交流、融通吸收他者文化精髓以及借助外来力量取长补短，从而促使乡村文化发展不断地与时俱进。尤其是在当下多元文化语境中，乡村本土文化只有通过不同文化间的比较，才能不断认识自己、补充自己、巩固自己，才能更好彰显自身的文化魅力。“美人之美”是超脱了自己生活方式之后才能得到的境界，这既是对乡村自身文化时代价值的自觉过程，也是对乡村他者文化现实价值的汲取过程；既是一个消解人们内心世界文化二元相对认知的过程，也是一个消解人们内心世界文化具有等级之分的文化观念的过程。

第三，对乡村多元文化和平共处的自觉，这是“美美与共”的阶段。乡村建设的过程是积极改善和优化人与自然、人与社会、人与人的关系的过程。但随着乡村现代化进程的加速，外来文化已经渗透到乡村社会的每一个角落，乡村建设面临多元文化之间相互交流、碰撞、竞争的局面，乡村文化与外来文化的冲突与矛盾加剧，外来文化的“强势”和乡村文化的“弱势”之间的对比明显，导致了乡村文化发生急遽变迁。人们一方面享受着频繁的文化交流所带来的诸多舒适，另一方面也承受着文化转型的诸般痛苦。而急遽的乡村文化变迁和与外来文化的密切交流是乡村现代化发展的必然趋势，在这一历史进程中，人们建立的现代性契约关系并没有完全取代传统型的血缘关系，差序格局和家族文化作为乡村传统文化的重要组成部分，在乡村现代化进程中仍然表现出很强的适应性，也没有如现代性理论所预料的那

[1] 汤一介. 新轴心时代与中华文化定位[N]. 凤凰网，2019-05-10.

样，作为传统文化的一部分被消解掉[1]。这就表明，尽管乡村文化与外来文化在民众的习惯、信仰、社会制度和物质生产方式等方面存在着明显的差别，但它们也是可以共存的。乡村建设的文化自觉既是对乡村自身文化的自觉，又是对乡村他者文化的自觉，还是对乡村文化和平共处的自觉。乡村建设发展不是一个外来文化替代自身文化的消解过程，而是需要在发扬自身文化功能的基础上，为适应外来文化要求而做出必要的调整和适应，不仅能容忍而且能赞赏不同价值标准的存在。同时，为了使乡村不同文化间能够建立起正常的文化交流与和谐共处关系，应自觉开展对乡村多元文化进程状况的客观评估，以及对乡村自身文化盲点的批判，探索既彰显自我特色又能容纳他者之长的乡村文化建设之路，努力做到“美美与共”的文化格局。

第四，对构建乡村文化共同体的自觉，这是“天下大同”的阶段。关于“共同体（community）”的概念，斐迪南·滕尼斯（Ferdinand Tonnies）在《共同体与社会》一文中指出，“共同体就是基于自然意志，如情感、习惯等，以及基于血缘、地缘关系而形成的一种社会有机体”[2]。所谓“文化共同体”则是指基于共同的文化理想和精神纽带的社会个体所构成的有序群体。费孝通先生曾强调，文化自觉的目的是要建立一个有共同认可的基本秩序和一套各种文化能和平共处、各抒所长、联手发展的共处守则[3]。其言下之意，在全球化背景下的文化秩序不应当是“文化霸权”支配下的全盘西化或全盘他化的文化秩序，而应当构建起有利于文化整体进步的、不同文化之间彼此协商的文化共同体。其中，“和而不同”是文化自觉的落脚点，“只有和而不同，天下才可大同”，这也是文化自觉所要达成的终极归宿[4]。就乡村建设的文化自觉本质内涵而言，其总体格局需要展现多元文化发

---

[1] 刘瑾. 农村社会变迁研究中的传统与现代[J]. 西北工业大学学报（社会科学版），2003（04）：27-29.

[2] 斐迪南·滕尼斯. 共同体与社会[M]. 林荣远，译. 北京：商务印书馆，1999.

[3] 费孝通. 反思·对话·文化自觉[J]. 北京大学学报（哲学社会科学版），1997（3）：22.

[4] 奂平清. 费孝通的“和而不同”与“天下大同”思想——兼论民族研究的文化自觉与理论自觉[J]. 学海，2014（04）：24-32.

展观和跨文化认同，从多元中找共识，由多生一，建立乡村文化共同体。另外，构建新的、合理的乡村文化共同体离不开他者文化带来的文化创新，因为文化发展进步的本质力量在于文化创新，提高乡村文化自主地位的本质力量还是在乡村文化创新上。我们说乡村建设的文化自觉是实践自觉与理性自觉的集中反映，在客观上要求本土文化和外来文化都能以文化创造力的最大化来实现乡村文化更新和文化发展，并在彼此的文化进步和文化活力推动下实现乡村文化共同体的"天下大同"的理想境界。

2.3 乡村建设的文化自觉的研究视野与考察维度

2.3.1 乡村建设的文化自觉研究视野

乡村建设的文化自觉研究视野与其所关涉的内容紧密相关，而乡村建设与文化自觉的考察领域都极为宽泛，本文基于乡村建设的文化自觉研究视野要反映特定时空背景下的现实诉求，特在以下层面对其进行不同程度的限定：一是时间层面的；二是空间层面的；三是文化层面的。

第一，从时间层面出发，研究视野指向“新时代”乡村建设的文化自觉研究。一是通过对以往乡村建设发展历程的总结，可以清楚地看到乡村文化建设发展的路径和轨迹，看到乡村文化的变迁过程和寻求自主性发展之探索。二是乡村建设面临多元文化困境，正经历着乡村文化反思、批判和超越的历史阶段。三是中国特色社会主义进入新时代，乡村建设迎来了我国实施乡村振兴战略的重要历史时期。“新时代”蕴含着丰富的创新性的哲学思想，它展示了时代精神的升华，意味着我们需要依托于新情势，发现乡村建设中的新问题，创新乡村建设领域中的文化理论，表达乡村建设的新发展。乡村建设的文化自觉在时间轴上是一个不断深化和升华的动态发展过程，是一个有着体现其时代特征内容和价值取向的历史范畴。

第二，从空间层面出发，研究视野指向“中国”乡村建设的文化自觉研究。这是一个在全球化时代中国方位的空间范畴。一是本书立足中国本土特色乡村建设探索，不能使中国乡村在研究者的眼中成为“他者的他者”。同时也关注和借鉴部分西方发达国家的乡村建设成功模式，通过对发达国家尤其是日本魅力乡村建设模式的考察来观照中国的乡村建设发展。二是研究应以中国为本位，重视中国乡村的历史文化传统，从中国乡村传统文化中寻找自我扩展、自我更新、自我创造、自我救赎的思想资源。三是全球化背景下探讨东西方文化冲突与共生的问题。这是大空间的关联性，乡村文化空间也不是绝缘体，谈中国本土乡村文化与外来文化的关系，意在吸取外来文化的优点；谈中国乡村文化与西方外来文化价值取向的差异，要更确切地把握中国乡村文化的特质；谈中国乡村文化自觉与其他文化自觉的不同，要明晰什么样的实践路径才是中国乡村建设发展一以贯之的理念。乡村建设的文化自觉在空间轴上表现为对乡村多元文化之间关系问题的认识、反思与建构，从而使全球化危机下的乡村建设朝着和谐发展的方向迈进。

第三，从文化层面出发，研究视野指向乡村建设中的“文化领域”。乡村建设涉及经济、政治、文化、社会、生态等多个领域，笔者主要考察文化自觉研究的关切和需要，重点聚焦乡村建设的文化领域研究。因此，乡村建设的文化自觉研究也可以说是针对乡村建设中的文化问题研究。其中，对中国乡村建设中文化自觉缺失问题的分析与解决是进行乡村建设的文化自觉研究的重点。本书不谋求对乡村建设问题研究的面面俱到，而是基于文化自觉视角对乡村建设中文化问题的反思与建构。本书也不谋求制定一份详细的中国乡村建设发展的战略图谱，而是将重心放在探索新时代中国乡村建设的文化自觉的实现路径，是对未来乡村文化建设发展方向和道路的宏观把握。

通过以上三重界定，从而客观明确地对乡村建设的文化自觉研究进行了三维坐标定位。概而言之，本文就是定位于新时代中国乡村建设中的文化问题研究。

2.3.2 乡村建设的文化自觉考察维度

本文选择了从乡村建设的“天、人、文、景、地”五个维度，作为新时代中国乡村建设的内在逻辑和急需解决的文化问题方向，这五个维度是乡村建设中文化自觉缺失比较严重的领域，也是文化自觉可以拓展和应用的领域[1]。在这里，“天”是指乡村建设的价值、精神、规律、规则、制度等，它是绝对形而上存在，彰显着乡村文化至高无上的精神性价值，表征出乡村文化的价值维度；“人”是指对乡村建设有认识和实践能力的各类主体(人)，是乡村建设存在意义的决定者，表征出乡村建设的主体维度；“文”是指乡村各种传统文化、文化传统与习俗活动等，沟通着传统与现代，表征出乡村文化继承创新的发展维度；“景”是指乡村各种自然、风景、景观、情景、现象等，展现出乡村环境建设的各种状况或人文境遇，表征出乡村本土文化场景提升的实践维度；“地”是指乡村的自然资源、生产资源、农林渔牧产业以及拓展的文化产业等，表征出乡村建设中人与自然、人与文化、文化与文化之间各种关系的生态维度。以上五个维度共同形塑着乡村建设的多维立体文化空间。

同时，乡村建设的内在逻辑也必须在“文化自觉”的语境中得以展开和确认。基于文化自觉的内在逻辑、研究视野、考察维度和文化认识论的高度，本文从文化自觉中的“价值自觉、主体自觉、发展自觉、实践自觉、生态自觉”五个自觉维度，来对应和解决乡村建设的“天、人、文、景、地”五个维度的文化问题。旨在建构乡村建设的文化自觉路径，解决乡村建设中的文化自觉缺失问题，实现新时代中国乡村建设的文化自觉之路。

文化自觉本质上是一定认识主体对认识对象的主观认识活动。“乡村建设的文化自觉研究”这一命题从这个意义来说是研究者这一主体对“乡村建设的文化自觉”这一研究对象的理性思考与认识。价

[1] 俞孔坚. 回到土地[M]. 北京：三联书店，2009：269.

值维度、主体维度、发展维度、实践维度和生态维度表明了研究者对“乡村建设的文化自觉”这一认识对象的五个考察维度。实现对这五个考察维度上的“自知之明”，即分别实现了乡村文化价值重建的价值自觉、乡村建设动力重构的主体自觉、乡村文化传承创新的发展自觉、乡村本土文化场景提升的实践自觉和乡村多元文化和合共生的生态自觉，这既是“文化自觉”的具体体现，也是针对乡村建设五个发展目标的实现。概括地说，新时代中国乡村建设的文化自觉研究就是“三个五”的研究框架，即从乡村建设的“五个维度”，通过文化自觉的“五个自觉”维度考察，来实现乡村建设的“五个目标”。

对于乡村建设的文化自觉维度考察，是对新时代中国乡村建设文化自觉的内在逻辑的认识。以价值自觉、主体自觉、发展自觉、实践自觉、生态自觉为逻辑构成了乡村建设的文化自觉系统，反映了研究者于时代场域中的现实思考，导引着五个自觉之间的层级或链接关系，共同构成了乡村建设的文化自觉研究的五个层级内容，据此，本书的研究逻辑进路就从这五个层级进行梳理与建构。

第一，从价值维度出发，树立乡村文化价值观，促进新时代中国乡村文化建设的价值自觉，这是乡村建设文化自觉的基础层次。“价值是文化的核心和灵魂”[1]，任何一种形式的文化自觉都有其得以实现的深层价值根基。张岱年也指出：“现在要创造新中国的社会主义文化，其中起核心作用的就是改变价值观，建立新的价值观；改变思维方式，建立新的思维方式。”[2]从文化属性的角度看，乡村文化价值是从乡村生产生活、地域环境与历史变迁中长期积聚起来的古老智慧，居于乡村文化的最深层，是乡村建设的重要资源。乡村建设的文化自觉首先应是价值自觉，价值自觉是乡村建设文化自觉的基础。乡村文化建设的价值自觉通过乡村文化价值观集中地表现出来。首先，乡村文化价值观是乡村文化的核心与灵魂，作为乡村文化建设发展的理性思考，其体现了对乡村发展规律的根本认识和乡村民众对美好生

[1] 冯天瑜，杨华. 中国文化发展轨迹[M]. 上海：上海人民出版社，2000：2.

[2] 杜运辉. 张岱年人生哲学研究[D]. 天津：南开大学，2010：60-61.

活的向往。其次，乡村文化价值观为乡村文化建设发挥了目标指向和价值引领的作用，其直接关乎乡村文化为何要实现发展、实现何种程度发展和如何实现发展的问题。再次，乡村文化价值观为乡村文化建设提供具有实践意义的理论指导，其集中反映了新时代中国乡村建设的现实诉求和需要，使乡村文化建设实践得以在乡村振兴战略的轨道内行进。最后，乡村文化建设的价值自觉反对以工具理性为本质的功利主义与实用主义价值观，在后者主导下，价值理性臣服于工具理性，人类只注重文化的工具价值，文化只是被利用、征服和控制的对象。这种不顾价值理性、以损毁文化为代价，纯粹追求经济利润和指标的单向度提升，是道德准则下降和物化逻辑压制的结果，它的背后是更为严重的乡村多元文化价值矛盾和危机[1]。

第二，从主体维度出发，发挥多元主体协同作用，形成新时代中国乡村建设的主体自觉，这是乡村建设文化自觉的认知层次。主体(subject)是一个与文化权力相关的学术术语。阿兰·图海纳将主体定义为"通过个人的自由和经验实现个体或群体作为行动者的建构和改变情境所做的努力"[2]。主体还包括了个体及个体意识、群体及群体意识、文化整体及权力归属等意涵[3]。文化自觉是在文化自发的基础上多元文化主体对自身所处文化的认知、认同、自信、反思和创新，因此，文化自觉是一种多元主体的文化自觉，具有促进多元主体自觉的价值。中国乡村建设百年历史的发展面临多种困境，一个重要的原因就是缺少乡村建设的主体自觉，导致乡村建设的主体缺失、乡村建设失去建设动力。要改变这一状况，就要在结构功能主义的文化整体论中对新时代中国乡村建设发展的主体模式进行反思与重构，因为这

[1] 王越芬，孙健. 建设美丽中国视域下生态文化自觉的生成逻辑[J]. 学习与探索，2018(04)：27.

[2] 阿兰·图海纳. 民主是什么[M]. 北京：法雅出版社，1994：23.

[3] 赵旭东，张洁. 文化主体的适应与嬗变——基于费孝通文化观的一些深度思考[J]. 学术界，2018(12)：187.

种主体缺失并不是一种历史的恒定状态[1]。实践证明，多元主体共同的文化自觉是乡村建设的根本任务和重要目标。乡村建设主体由国家、社会、村级组织与村民共同组成，只有培育多元主体共同的文化自觉才能更好地发挥乡村文化的多元价值[2]，形成乡村建设的合力，共同推进乡村文化的繁荣发展。同时，各级政府在贯彻乡村建设的文化自觉理念过程中需要起到主导或引导作用，积极发挥乡村建设多元主体的创造性、批判性和超越性。只有激发多元主体的文化自觉，充分尊重村民的主体地位和文化身份认同，充分发挥外来主体的参与性，充分调动乡贤资源带动多元主体协同合作，才能在主体自觉中实现新时代中国乡村建设多元主体模式的构建。

第三，从发展维度出发，理性地审视乡村文化的传承创新，形成新时代乡村文化的发展自觉，这是乡村建设文化自觉的理性层次。任何一种文化的生成都有其特定的历史土壤，新时代中国乡村文化的发展同样无法阻隔其与乡村文化传统的历史延续与内在关联。这是以时间为坐标的维度概念，而文化自觉正是在一定的时间坐标中确定自身并实现发展，从而构成追求文化先进性并不断创新发展的源泉与动力。而文化追求先进性的实质内容是文化最深层结构的发展自觉，需要充分挖掘和传承乡村文化中具有普适性价值的优秀传统文化并使其在新的发展语境中发扬光大[3]。文化自觉作为一种推动历史发展的动力，其自身具有发展性的特征，并体现为推动新的、先进的文化取代旧的、落后的文化的过程。所以，乡村文化的发展自觉是指对新时代乡村文化发展的自觉，是构建满足新时代发展需要、具有历史进步性的乡村文化自觉。乡村文化的发展自觉具有三种特征：一是具有"传承性"。发展自觉是对乡村文化历史传统进行重新审视，客观全面

[1] 洪刚，洪晓楠. 中国海洋文化的内在逻辑与发展取向[J]. 太平洋学报，2017，25(08)：64.

[2] 程川，陈永强，高新. "文化自觉"：乡村文化振兴的逻辑与路径——基于浙中三村的调查与思考[J]. 中共合肥市委党校学报，2019(04)：23-28.

[3] 董玉辉，马金婷，李艳. 论文化自觉的价值取向[J]. 长春工业大学学报(社会科学版)，2011，23(01)：1-3.

地展现乡村文化的发展进程，使其能够审时度势地、积极主动地改造和淘汰落后的乡村文化，取而代之以先进的文化自觉促进乡村文化更新，从而使得优秀的乡村文化被不断传承。二是具有“创新性”。乡村文化进步是以对先进文化的自觉为前提，而乡村文化的发展自觉就是要主动反映乡村先进文化的发展方向，引导着乡村文化的创新发展要求，具有推陈出新的文化意识，推动能够满足新时代需求的新乡村文化的建构。三是具有“开放性”。这贯穿于乡村文化发展自觉的始终，通过兼容并蓄地吸收乡村外来文化精华，使其不断融入自身文化之中，并以更加宽广的文化视野，构建互学互鉴的乡村多元文化新格局。

第四，从实践维度出发，提升文化场景的本土特色，形成新时代乡村建设的实践自觉，这是乡村建设文化自觉的行为层次。文化自觉是对文化实践的指导，也体现着强烈的文化实践诉求。在本书中，乡村建设的实践自觉强调一种批判的实践、融合的实践，体现乡村文化实践的“全球本土化”意识，即希望实践主体能够用“全球化的思想，本土化的操作”（“think globally and act locally”），正如社会学家罗兰·罗伯森(Roland Robertson)所说：“全球本土化”描述了本土条件对全球化的反馈作用，意味着普遍化与特殊化趋势的融合，两者共同起着作用[1]。当前，全球化发展使乡村多元文化交流日益频繁和深入，外来文化他者在中国乡村进行着各种乡建实验，各种文化价值冲突日益凸显，而全球性的文化危机和乡村特有的文化个性则赋予了本土文化实践独特的空间逻辑。本文从实践自觉出发，一方面强调“放眼世界”。需要自觉地扩大我们的“目标视域”，尊重他者和差异，仔细甄别和吸收，在分析与整合乡村外来他者文化的过程中实现乡村自身文化的发展和创新。另一方面强调“立足本土”。乡村文化自觉是一种乡村本土文化的理念与实践，强调树立乡村本土文化意识，在乡村文化基因传承、乡村本土文化修复、乡村地域文化再造、乡村文化场景

[1] 胡显斌. 由马克思“世界文学观”看文化“全球本土化”[J]. 马克思主义美学研究，2014，17(01)：24-37，388-389.

提升等实践方面，更须增强乡村本土文化特色。并以此掌握乡村本土文化话语权，在乡村多元文化的交流与互鉴中，实现乡村本土文化话语体系、话语能力和话语权力的自觉。

第五，从生态维度出发，树立"天人合一"和"多元文化和合共生"的理念，形成新时代乡村建设的生态自觉，这是乡村建设文化自觉的目标层次。所谓"生态自觉"是指人们关于生态的自觉意识，是人们对生态存在的反映。它包括人们对待生态的态度，因而是一种价值观层面的概念[1]。本文的生态自觉有两层含义：一是生态文化自觉。"生态文化"就是从人统治自然的文化过渡到人与自然和谐的文化[2]，它是不同人类族群适应和利用多样性的自然环境之生存模式的总和，是人类从古至今认识和探索自然的一种高级形式。生态文化自觉强调人类要正确处理人与自然的关系，转变"人类中心主义"的价值取向，改变"物质主义"的陋习，转而树立"人与自然皆是主体""人与自然是生命共同体"的理念。中国古代的"天人合一"思想倡导的便是这样一种理念，它是一种生存论、内因论和有机论的整体思维模式，在道家表现为"道生万物"的形态，在儒家则表现为"太极化生万物"的形态，它们的共同特点就是把整个宇宙万物看成是由同一根源化生出来的。乡村建设的生态文化自觉就是要建立在对人与自然的生成论整体思维模式基础之上，树立一种乡村建设主体与乡村自然关系和谐相处的生态文化观。这种生态文化观不仅是一种对认知理性的把握，同时也需要一种关爱生命的情感体验。特别是在处理人与自然关系方面不能改变乡村自然价值的客观性，在乡村建设过程中应该致力于实现人与自然皆有价值的生态价值观。二是文化生态自觉。"文化生态"泛指人类在社会历史实践中所创造的物质财富和精神财富的状况和环境[3]。在本书中，文化生态是指把文化类比为生态一样的整体，侧重于研究

---

[1] 陈柯. 当代中国生态文明建设的四重维度研究[D]. 长春：吉林大学，2016.

[2] 王文勇. 论"两种文化"与生态文化[J]. 武汉理工大学学报(社会科学版)，2013(1)：50-53，59.

[3] 周建明，所萌，岳凤珍. 文化生态保护区的理论基础与规划特征[J]. 城市规划，2014(z2)：49-54.

文化与社会的关系。乡村文化生态自觉，就是我们要自觉地去了解和重塑不同文化在乡村的生态关系，包括乡村文化与外来文化之间、乡村内部不同地域文化之间、乡村内部不同层次文化之间的关系等。重塑乡村文化生态能够在书写乡村历史、文化和集体记忆的过程中，激发乡村民众的参与感和自豪感，重构乡村文化秩序和影响力。我们要自觉把握文化选择从“冲突统一论”向“和谐多样论”转变的乡村文化发展趋势，通过促进多元文化包容互鉴，构建“和而不同、兼收并蓄”的乡村文化交流体系；通过维护乡村的文化多样性，促进乡村多元文化生态的“和合共生”，实现互惠互利、合作共赢的乡村和谐社会新目标。

3

乡村建设的文化自觉“何以需要”的价值诠释

文化是一个有价值、有意义的世界，文化问题的核心是价值问题。文化自觉的深层次意义源自其价值性的最大体现[1]。文化自觉的价值取向是以价值为要素的，这种价值要素是人们对一种文化价值的主观认识、理性思考，是在人们意识中的自觉反映[2]。在乡村建设的文化自觉价值研究中，乡村建设中文化自觉的价值体现在文化自觉是乡村建设的必然要求，乡村建设的健康发展离不开文化自觉，文化自觉对于解决乡村建设中的文化问题具有重要的理论与实践价值。

---

[1] 欧阳剑波. 文化自觉的价值性探究[J]. 天府新论，2011(03)：109.

[2] 马金婷. 文化自觉的价值取向[D]. 长春：长春工业大学，2011：16.

3.1　乡村建设的文化自觉的价值特性

乡村建设的文化自觉是文化主体对自身所处时代精神状况的理性反思与价值觉解，它要求我们直面乡村建设的价值困境并回应其价值诉求，深切观照当代乡村建设中的文化关切与价值关怀，以适应乡村建设需要的文化理念与价值理想来推进新时代中国乡村建设的价值选择与建构。乡村不同文化之间的冲突及其引发的"自我认同危机"是当前乡村建设为何需要文化自觉的重要原因之一。如何理性地对待不同文化的价值差异，需要我们对乡村社会转型中的文化价值选择进行重新审视，站在乡村文化和谐发展的新高度进行不断地思索与探究，始终把文化自觉作为促进我国乡村建设和谐发展以及彰显与践行和谐价值理念的重要思想与价值资源。乡村建设中文化自觉的价值特性主要表现在理性、实践性和历史性三个方面。其中，理性反映了文化价值选择的本质，实践性反映了文化价值选择的基础，历史性反映了文化价值选择的轨迹。

3.1.1　理性是乡村建设中文化自觉价值的集中反映

"理性"是指对以往的事物进行反复的思索，它排斥情感因素，处于客观冷静的状态，其目的是通过对这些事物的省察、评价来发现事物的合理性和非合理性[1]。亚里士多德说"人是理性的动物"，康德把人称之为"有理性的存在者"，黑格尔承认"理性是人之异于其他动

[1]　董迪. 试析更新教育观念的文化基因(三)[J]. 延边教育学院学报，2005(3)：1-3.

物的本质”，在西方理性主义哲学当中，哲学家们都承认人的本质是理性。价值理性是建立在理性认知基础之上的对价值及价值追求问题的自觉理解和正确把握。文化自觉是人的理性自觉在文化领域的具体反映，人的理性自觉源于人对自身前途命运的理性认识与把握，并随着人的文化水平的提高而使自觉意识进入到更高的思想层次，因此，文化自觉在本质上就是以理性自觉为起点的一种思维过程[1]。在乡村建设中，文化自觉的价值理性体现为文化主体通过理性的思考对于乡村文化的价值追求具有一种自觉的把握和理解，从中能够发现自身文化的优势与不足，给予自身文化一个较为准确的定位，在理性觉知的基础上做到合规律性与合目的性的统一，即对乡村文化的“自知之明”。这种主动关切和熟稔自身文化的思维要求，在实质上就是要求文化持有者能以一种客观的理性态度来反思自身文化，形成主体的一种文化信念和准则。并能提出新的问题、新的求索，理性地表征文化主体的理想和选择，为文化主体的思想与行为提供价值取向，构成新的期待和追求，从而使文化自觉的实现成为可能。就此意义而言，乡村建设中的文化自觉不仅是一种自觉探索与践行的思想观念和文化意识，更是一种主动追求与反复比较、甄别、扬弃和超越的理性思维过程。它使自觉的文化开始成为乡村社会运行的内在机理和图式，开启了建立在理性基础之上对乡村文化价值进行重新选择和建构的过程。

3.1.2　实践性是乡村建设中文化自觉价值的具体反映

实践性是马克思主义哲学最重要的特点和理论品质。通过实践去认识问题、解决问题，通过实践去认识世界、改造世界，我们只有通过实践才能一步步接近真理。实践是文化自觉生成的基础，文化自觉从实践中来，在实践中实现。实践是文化自觉的本质内涵，文化自觉是人的实践自觉在文化领域的具体反映，是人对文化的觉醒和觉悟，是由不自觉走向自觉，由自在、自发走向自为、自觉的实践过程。实

---

[1]　顾建红. 文化自觉得以实现的哲学思维方法论路径探析[J]. 求实，2013(11)：36-40.

践性是文化自觉的重要价值特性，表现在人们进行文化自觉意识活动的过程中，必须结合实践、参与实践，在实践中促进文化自觉意识的进一步提高，在实践中检验文化自觉思想成果的正确性。文化自觉作为一种高度的实践自觉，通过一系列的文化认知与比较、反思与批判、传承与创新等文化实践，形成对自身文化和外来文化的审视和确信，最终促进对自身文化的认同与可持续发展。乡村建设中的文化自觉意识也不是虚无缥缈的，而是乡村建设实践的产物，它是在乡村求生存、求发展的建设实践中产生，并反过来指导乡村建设实践，随着乡村建设实践的深入发展而进一步深化和演变。乡村建设中的文化自觉主体、动力、目的都是实践的，乡村建设的文化自觉具有鲜明的实践性，其中，人作为乡村建设中文化自觉的实践主体，总是通过对乡村文化实践活动的批判和创造来推动乡村文化实践历程的向前发展和进步。正如马克思所说：“人应该在实践中证明自己思维的真理性，即自己思维的现实性、力量性和此岸性。”[1]因此，乡村社会的文明程度越高，就越需要参与乡村建设的人具有更高程度的实践自觉，付诸更高层次的实践活动，来增强乡村文化认同程度，发掘乡村文化的时代价值，破解乡村文化发展瓶颈，构建合理的乡村文化秩序。乡村建设只有通过文化自觉实践才能在传统和现代、文本和现实、自我与他者、本国与他国、坚守和创新之间架起一座桥梁[2]，让传统和文本能够开启在新时代乡村建设中的实际价值。实践性是理解乡村建设的文化自觉价值内涵的关键环节，人的实践批判和实践创造是孕育乡村建设的文化自觉的母体。

3.1.3　历史性是乡村建设中文化自觉价值的时代反映

历史是现实世界的真正母体。我们要用历史的眼光看待文化、认识文化，正如当代英国学者克里斯·巴克所指出的：“文化主义强调

[1]　马克思恩格斯选集(第1卷)[M].北京：人民出版社，1995：58.
[2]　李艳，杨晓慧.文化自觉的内在逻辑[J].高校理论战线，2013(02)：26-30.

历史”[1]。任何一种文化都是历史的重要组成部分，都有着自身发展历史的逻辑脉络。文化自觉也是对自身历史文化的自知之明和特定历史境域中文化的自我反思[2]。乡村建设中的文化自觉是人们对乡村文化的理性自觉和实践自觉的历史性反映，其在不同的时代有着不同的历史性特征和价值指向，其本身也属于一个历史范畴，是其自身所处的宏观历史背景和微观历史环境相结合的产物，是一个动态的历史发展过程而非静态地存在或完成了的固定状态。这是因为人对自身存在和发展的自觉程度是随着人对文化这一人的生活和世界最深层的东西的觉醒和觉悟程度的提升而提升的。因此，就乡村建设中文化自觉的价值而言，乡村文化的“时代性”反映决定着文化自觉的历史内容和价值旨归。乡村建设的文化自觉研究必须确立一种科学的历史观，将回顾往昔、立足现在、开创未来这三者作为一个统一的历史整体[3]。虽然近代以来中国乡村建设的文化自觉经历了曲折的历史发展过程，尤其是在知识阶层，尽管知识分子文化觉醒的程度不同，但主旨是一以贯之的，大家主要立足于对乡村自身文化价值的自觉，目的在于肯定乡村文化价值的合理性，推动乡村文化价值的重建。总的说来，乡村文化发展在不同的历史时期，受人们思想水平和文化意识的限制，所创造的文化形态和所达到的文化自觉程度是不同的，都经历了一个从低水平到高水平自觉的过程，这一过程与乡村社会发展的历史进程是一致的，就是一个不断前进、深化、升华的过程，在总体上逐步通向更高境界的文化自觉。但乡村建设的文化自觉的历史性价值表现在：只有在乡村文化的过去、现在、未来的历史性统一之中，我们才能正确认识和估定乡村文化的真正价值，才能真正做到对乡村传统文化的创造性转化和创新性发展。

---

[1] 克里斯·巴克. 文化研究——理论与实践[M]. 孔敏，译. 北京：北京大学出版社，2013：17.

[2] 罗诗钿. 论文化自觉机制的三重意蕴与社会主义核心价值体系建构[J]. 内蒙古社会科学(汉文版)，2013(3)：18-23.

[3] 李敏伦，李霞玲. 马克思主义大历史观下的新时代：历史、理论及实践[J]. 湖湘论坛，2019(6)：81-92.

3.2 乡村建设的文化自觉的价值建构

乡村建设的过程将是一个价值导向调整优先于乡村建设实践的过程，只有深刻地把握了这一原则，乡村建设才能够从文化自觉价值中获得不竭的动力支持。就乡村建设中文化自觉的核心价值而言，就是要能解决乡村建设中急需解决的重大问题。基于上文提出的乡村建设中文化自觉的五个考察维度，本章将从价值、主体、发展、实践、生态五个方面展开乡村建设中文化自觉的核心价值建构。

3.2.1 文化自觉是促进乡村文化价值重建的现实需要

乡村建设的文化自觉是文化主体对自身所处时代精神状况的理性反思与价值觉解，它要求我们直面乡村建设的价值困境并回应其价值诉求，以适应乡村建设需要的文化依托与价值目标来推进新时代中国乡村文化价值的重建。乡村多元文化差异及其引发的乡村文化价值危机，是当前乡村建设需要文化自觉的重要原因之一。而价值观差异是文化差异的重要体现，如何理性地对待乡村不同文化的价值观差异、冲突与融合，需要我们对乡村社会转型中的文化自觉价值进行审视，站在整个乡村文化价值重建的高度进行不断的思考与探究，始终把文化自觉作为促进新时代中国乡村文化价值重建的重要思想与价值资源。通过乡村文化价值的重建，赋予乡村文化内涵以新的感召力和影响力，从而壮大和增强乡村文化自身的生产力和发展力。

改革开放以来，中国经济在融入全球化的过程中，中国文化也融入了西方的文化形态与价值观。西方在制定经济全球化战略的同时，还制定了“文化跟着贸易走”的全球文化战略，文化价值传播成为西方按其战略意图干涉他国、塑造世界的重要工具。西方文化甚至通过教育、家庭、教会以及大众传媒等渠道实施文化价值传播。由此，中国乡村文化价值观在以西方文化主导的全球传播语境下，将不可避免地受到瓦解和挑战。面对这种状况，一方面，我们应当理性地认识不同地域、不同国度、不同性质文化之间的理解与沟通，理性地对待不同文化价值的独特性与差异性。不同文化之间之所以能够交流与借鉴，在文化精神层面上还是存在着某种“普世共通”的价值观，诸如“公平、正义、自由”等。这种普适性的价值观，不论是站在文化输出方还是站在文化接受方的立场，都是能够得到认可和接受的，它是全人类共同拥有的价值观，是人类道德的共同底线，也是乡村本土文化能够与异域文化进行交流的价值基础。没有一种普适性的价值基础，任何一种文化都难以在异域文化或异族文化语境下获得赏识、认可和吸收[1]。另一方面，我们在陈言这种“普世共通”的价值观时，也要警惕和预防那种利用自身强势话语权，将自身文化及意识形态伪装成所谓“普世价值”而进行强行推销的“西方中心主义”“文化霸权主义”“文化殖民主义”倾向[2]。这种倾向的突出特征就是“强权即是公理”和“强加于人”。在此语境下，这会导致乡村本土文化价值失范、乡村精神家园受损，这和我们提倡自觉吸纳乡村外来优秀文化是完全不同的。因此，我们必须反对全盘“他化”、反对一味地跟风与盲从，要从理论上批判其理论误区，去除其意识形态之蔽。

党的十八大提出积极培育和践行“社会主义核心价值观”以及构建“人类命运共同体”的新目标和新愿景，这是中国共产党领导国家现代转型过程中文化自觉的又一重大价值体现。反映在文化自觉的价值关切上，这既是在面对新时代文化多元化发展时的应运而生，也是在

[1] 盛宁. 全球化语境下的“文化自觉”三议[J]. 当代外国文学，2008(1)：12-19.

[2] 武彦斌，吴东华. 普世价值思潮对社会主义核心价值观的解构逻辑及其辨正[J]. 河南大学学报(社会科学版)，2017，57(4)：34-39.

面对多元价值认同局势时的顺势而为[1]；这既是对中华优秀传统文化的自觉，也是对新时代文化发展规律的自觉。反映在文化自觉的价值内涵上，这既要体现稳定与协调，又要体现公平与效率；这既要注重社会发展的动力与平衡机制，又要注重社会发展的协同与保障机制。反映在文化自觉的价值目标上，这既要体现出社会稳定和可持续发展的一种理想状态，又要实现社会发展的动力与平衡机制的统一、协同与保障机制的统一；这既要创造出具有民族文化“自性”，又要创造出具有人类文化“共性”的新文化。同时，新目标和新愿景反映在乡村文化价值重建中，它是指引乡村文化价值的主流方向，也是新时代乡村社会繁荣发展的重要动力和持续动能。它引导我们应该自觉理性地应对乡村不同文化的价值差异，主动践行乡村社会和谐发展的价值理念，重构乡村文化价值体系。这无疑也是文化自觉价值引导性的结果，体现了践行社会主义核心价值观引领的乡村先进文化发展方向和价值理念，必将凝聚人心、引领多样化的乡村文化思潮，为新时代中国乡村文化价值重建提供更加深厚的文化源泉和精神力量。

3.2.2 文化自觉具有强化乡村文化主体地位的价值取向

文化自觉是有价值取向的，体现着一定主体的特殊价值选择和利益追求。乡村建设中的文化自觉价值取向总是随着乡村建设发展目标的变化而不断变化，从而影响和决定着乡村建设的文化自觉主体的价值判断和行为取向，并进一步影响和决定着乡村建设发展的文化行为。因此，文化自觉是满足乡村建设主体的需求和利益的价值取向，对强化乡村文化的主体地位具有进步作用。

在文化全球化的大背景下，乡村建设正面临多元文化并存、新旧文化交替发展的阶段，在不同文化的沟通整合与文化依存中，为提升自身文化先进性、促进自身文化的繁荣，为寻求适合自身文化发展的

[1] 陶蕾韬. 多元文化背景下的价值冲突与价值认同——以全球化为视域[D]. 北京交通大学，2015：103.

道路，作为主体的文化自觉要具备价值取向性。价值取向性是主体主观能动性的表现，是主体做出的取舍决定或是对客观事物、主观行为等持有的肯定或否定的态度，体现了主体的独立性和客体的价值含量。这种价值取向性从价值的角度考察主体对客体的需求程度和客体价值对主体的满足程度。简言之，文化主体通过自觉活动根据自身需求和价值标准，对客体的价值含量进行分析、比较，而最终做出取舍的过程，体现了主体自觉的价值取向[1]。在乡村建设过程中，主体性地位的确立是文化自觉价值取向的出发点和归宿，其具体表现在两方面：一是确认人的主体性地位。人是乡村建设的主体，人总是试图超越传统、超越过去，寻求更美好的生活。当面对多元文化和多元价值理念的冲击时，为了适应新时代的发展要求，人开始对本土文化和传统文化的内容和模式进行理性的反思和再认识。因此，文化自觉的价值取向性所追求的就不仅仅是文化的发展道路，还要满足人的生存与精神需要，体现人的追求与理想。这种选择是一种态度，它的产生与发展来源于人的主观认识与需要。其中，在乡村建设的各类人群中，理想图景是实现村民的文化自觉，使村民熟悉、了解并对自身持有文化的本质有深刻认识，能够以乡村建设主体身份去汲取和提升自身的传统文化。同时，反思当下新的文化事物，唯有真正培养起村民的文化自觉意识，才能触及核心价值层面的深层次乡村文化认同，树立起乡村社会共同的文化价值与理想信念，实现乡村社会的团结、稳定、融合与和谐。二是确认乡村文化的文化主体地位。回顾中国近现代乡村文化建设的发展历程，随着不同历史时期中国乡村文化发展的需要，我党始终坚持乡村文化在乡村多元文化发展中的主体地位，在总结乡村文化发展历程经验的基础上，结合中国现代化建设的基本国情，以满足乡村文化繁荣发展需求为目标，传承与弘扬乡村优秀传统文化，制定了多条具有中国特色的乡村文化发展之路。实践证明，在全球多元文化矛盾与冲突的背景下，在乡村建设领域展开文化自觉的价值取向分析是与时俱进的。在西方现代文化和中国乡村传统文化的

[1] 马金婷. 文化自觉的价值取向[D]. 长春：长春工业大学，2011：23.

碰撞交流之中，要始终坚持“以我为主、为我所用”的立场，坚持并树立村民的乡村建设主体身份和乡村文化的文化主体地位，充分体现了文化自觉主体的高度自觉性，是符合乡村文化繁荣发展的文化自觉价值取向。

3.2.3 文化自觉体现乡村文化传承创新发展的价值诉求

文化自觉将把乡村建设带往何处去？以什么样的文化自觉来抉择乡村文化的传承内容？以什么样的价值取向来兼综外来文化之长？以及怎样通过文化自觉来促进乡村文化创新？这都是基于文化自觉在乡村文化变迁过程中所具有的重要作用，基于乡村建设中文化自觉价值的体现。乡村建设的文化自觉是乡村文化由传统走向现代的内在需求，对其价值诉求提出了“立足传统、面向现代”的指向性要求。我们要积极改造乡村传统文化，在批判性继承的基础上，实现乡村传统文化的现代化转型，即通过文化反思与批判对乡村传统文化价值进行全方位的自我剖析和自我调控，简单地讲就是对乡村文化之“善”的哲学追问[1]，以某种价值尺度对乡村各种具体的文化现象进行分解和抽象，注重对乡村社会文化镜像的阐释，这是一个“去粗取精”和“去伪存真”的过程，形成具有正面意义、正面价值和正面意识的认识对象，达到促进乡村文化不断发展和进步的目的。这有助于乡村建设主体自觉参与乡村建设实践以及对乡村文化的创造性转化，通过文化反思来梳理乡村文化发展的历史脉络及优缺点，预测未来的发展趋势，批判其不合理的方面，得出结论并做适当的文化选择，明确乡村文化走什么路、朝什么目标迈进的重大问题，为乡村文化走向自觉奠定坚实的价值基础，使之显现出灿烂的文化生命力，从而带来乡村文化的创新。这既是乡村建设中文化自觉的价值表现，也是文化自觉不断展开和提升的过程。

乡村文化创新源于乡村文化的内在超越性。构建以创新为核心的

[1] 韩美群. 自知性、反思性与创新性：文化自觉的三重内蕴[J]. 学习与实践，2015：123.

乡村文化发展要求是文化主体的理性自觉，也集中体现了文化自觉的价值诉求。任何一种先进的文化，都不是对已有文化和他者文化的简单继承和吸取，而是坚持传承与创新的主动结合，促进国际经验与本土文化的交融，为未来文明搭建合理、完整的文化结构与创造结构。“学习以已知为前提，以他人为蓝本；创造则以自己为本，以未知未决为前提。”[1]从乡村文化发展的价值诉求来看，一方面，乡村的先进文化构建需要文化主体以马克思主义文化观来指导，在乡村文化资源的优化整合中充分体现出阶级性、传承性、开放性和先进性，从而在文化自觉的价值取向上达成共识。在先进文化的文化自觉过程中，对乡村文化已有的保守性、落后性和狭隘性等进行反思，对乡村传统文化的价值体系、思想观念、意识形态、道德伦理、生活方式以及文化教育、科学技术、经济体制等各方面进行扬弃。另一方面，要从新的视角对乡村文化的进步性、发展性及生命力进行肯定，要解放思想、实事求是，要研究新情况、解决新问题，并与时俱进地指导乡村文化创新实践。因此，乡村建设的文化自觉不仅仅是一个主体自觉的意识问题，更是一个乡村文化发展问题。它从来都不是一次性完成的，而是要处理好继承性与创新性的关系问题，进而实现乡村文化传承与创新。由此可见，文化自觉体现了乡村文化传承创新发展的价值诉求，反映了乡村文化发展的规律，推动了乡村先进文化的构成和乡村传统文化的长足发展。反之，文化自觉如果不能满足乡村文化发展的价值诉求，乡村文化的发展与进步便无从谈起和落实。

3.2.4 文化自觉具有促进乡村本土文化认同和再造的实践价值

在乡村文化愈加多元化的今天，愈来愈多的形色各异的伪文化和文化碎片让人们在文化交流中丧失文化本性，可能把一个拥有鲜明文

[1] 王文兵，孙大鹏. 论文化自觉的时代意义[J]. 武汉大学学报(人文科学版)，2007(7)：453-457.

化性格的社会个体变成一个毫无文化特色的泛文化个体，这对乡村文化传承与发展是一个极大的威胁。如果我们不能坚持文化自觉，就不能主动发现乡村本土文化的内在价值和外在表现，就不能积极主动地从丰富多彩的本土文化中汲取营养，就不能形成乡村文化创新中的本土特色。文化自觉是对长期生长在其历史背景中的文化的体认，是对乡村重要文化事项和文化架构演进的内在梳理[1]，其根本的核心内容则是坚守本土文化传统价值。只有在文化自觉的实践中，乡村民众才能认识到乡村本土文化中一些文化事项和文化讯息，而这些文化事项和讯息对于传承本土文化知识、凝聚本土文化情感、锻造本土文化品格、构建本土文化语境、促进本土文化认同等有着独特且不可替代的价值。由于乡村历史的发展和社会环境的变革，诸多本土文化的生存语境发生了极大变化，其生存与发展的社会基础逐渐丧失，其能否如往常一样生存与传承已经面临着极为严峻的现实困境。乡村本土文化是乡村求生存、谋发展过程中形成的牢固精神链接，是乡村文化建设用之不竭的宝贵资源，是乡村发展进步的强大精神动力。只有坚持对乡村本土文化的自觉，强化自身的本土文化身份，才能领悟到乡村本土文化的精髓，才能够积极主动地在文化实践中去认同和弘扬乡村本土文化价值。

乡村本土文化在不同历史阶段都有其独特的时代精神和气质风貌。但新时代中国乡村建设正处于一个文化转折期，乡村本土文化衰微。于是，寻找和追求新的精神皈依，建立新的乡村本土人文景观和人文精神，将成为文化自觉实践价值的重要体现。这就离不开文化主体对乡村多元文化进行整合再造的自觉实践。这种整合再造是文化自觉的实践理性表现，它不是简单地肯定或否定，而是文化主体通过对乡村本土文化现状的审视与把握，对乡村本土文化内涵的深度挖掘，达到对乡村文化的改良与创新、乡村本土文化个性的张扬。这对促进乡村文化的多元化、提升乡村建设的文化场景、弘扬地域文化精神具

---

[1] 张兆林，束华娜. 基于文化自觉视角的非物质文化遗产保护与新文化创造[J]. 美术观察，2017(6)：111-114.

有不可或缺的价值，也是实现“民族的才是世界的”根本保证。在乡村本土文化认同的语境中，文化自觉的实践价值通过本土文化再造的形式展现出来，其过程就是乡村建设的文化自觉不断展开和提升的过程。文化认同与再造本身就体现了文化自觉，文化自觉引导着乡村本土文化再造。如果失去文化自觉的引导性，乡村建设就会陷入盲目性和任意性；如果缺少文化自觉的批判性，乡村本土文化就会失去创造性和现实性。所以，文化自觉的实践与乡村建设的发展存在着密不可分的关系。恩格斯说过：“文化上的每一进步，都是迈向自由的一步。”文化自觉的实践性具有促进乡村本土文化走向“自我认同”的内在价值。乡村民众的全面自由发展、乡村优秀传统文化基因的继承、乡村民族文化特质的延续、乡村地域文化的修复和乡村本土文化的再造等都必须要充分发挥文化自觉在乡村建设中的实践性价值和先进性指导，才能最终通过文化自觉规范与构建起具有中国本土特色的新乡村文化。

3.2.5 文化自觉彰显乡村多元文化和谐共生的生态价值

布朗指出：“文化的整体功能就是把个人团结到群体的稳定体系中，建立对物质环境的外部适应和个人与群体之间的内部适应，从而使有秩序的社会生活成为可能。”[1]同理，文化也能营造出一个人类、社会与自然之间平衡而和谐的生存环境，为人们提供有价值和意义的文化秩序保障。但是，当自身文化不能应对外来文化的冲击时，人们便会产生文化危机意识，并对自身文化体系进行反省、改造和更新，从而建立新的文化秩序。作为一种充满现实关怀的文化焦虑和文化探索，文化自觉关系到如何在新的价值坐标中汲取外来文化的优良价值，将各种异质冲突的因素纳入一种新的文化秩序中，进而为新的文

[1] 拉德克利夫·布朗. 社会人类学方法[M]. 夏建中，译. 北京：华夏出版社，2002：57-58.

化秩序的功能性与合法性做出合理评判和重新论证[1]。

在传统乡村社会中，基于人与人、人与自然、人与文化、文化与文化之间的长期互动和高度信任形成了和谐的乡村文化生态系统，人们自觉认同并接受其生态价值理念，从而规范并维系着人们正常的生产生活秩序。但面对全球化的发展浪潮，无论是乡村文化还是乡村社会都经历着历史性的变迁，处于普遍文化交往关系中的任何一种文化都不可避免地涉及与外来文化之间的互动交往。而中国的"整体文化"与西方的"个体文化"在冲突与碰撞中造成的文化"不对称"现象消解着新时代中国乡村建设的文化价值观。乡村文化认同的对象和背景出现了重大变化，个体权利的膨胀，人际交往的异化，导致乡村文化秩序的混乱和分裂[2]。其根本原因就在于西方文化强调个体性的发挥，而中国文化则具有整体性的属性。在这样的时代背景下，文化自觉的价值理念要从具有特殊性的文化之中淬炼、升华与创造出具有普遍性的先进理念，才能保证乡村文化具有更广泛和更久远的生命力。文化自觉作为促进乡村社会和谐发展的重要思想和价值资源，一方面，其彰显和践行"多元文化和谐共生"的生态价值理念，这是在乡村多元文化冲突中确保乡村和谐发展的根本保证。其实，中国的整体文化和西方的个体文化都是提高社会系统功效的重要"基元"，它们是可以融合的，两者从本质上看并非水火不相容，也是可以互补的，因此，对待两者都不可偏颇。另一方面，新时代中国乡村文化是以主流文化为指向的文化自觉价值取向，强调乡村主流文化的构建，形成了以主流文化为核心、多元文化共存的文化格局。乡村主流文化即乡村的主导意识形态文化，是与时俱进的马克思主义中国化的体现。主导意识形态是一种思想观念体系，在代表统治阶级利益基础上体现了社会成员的共同利益，是产生该阶级价值标准、行为准则和政治理念的思想

[1] 赵旭东，孙笑非. 中国乡村文化的再生产——基于一种文化转型观念的再思考[J]. 南京农业大学学报(社会科学版)，2017(1)：119-127.

[2] 赵霞，杨筱柏. 价值嬗变与理念创新：乡村新文化与农民的文化自觉[J]. 广西社会科学，2011(10)：138-142.

之基。乡村文化的意识形态存在是多元化的，但乡村的主导意识形态文化由居于统治地位阶级的意识形态决定，它包括了乡村传统文化精华、社会主义先进文化和红色革命文化等。在外来文化冲击下，乡村的主导意识形态文化与非主导的多样化的意识形态文化的矛盾越发突出，当中国乡村的意识形态主体受到西方的民主化思潮影响时，我们应积极构建稳定的、先进的社会主义核心价值观来提升和引领乡村主导意识形态文化，树立主流意识形态的理性权威，以此来抵御西方意识形态潜移默化的影响，提高乡村文化的核心竞争力。

因此，在新时代中国乡村文化和谐发展的道路上，必须坚持以社会主义核心价值观引领乡村文化价值重建，正确把握好主导性与多样性的关系问题。同时，我们要增强文化自觉意识，坚持城乡一体化发展，促进城乡文化和合共生；坚持文化生态和谐，促进乡村主流、精英和大众文化之间的和合共生；坚守文化地域性，促进乡村不同地域文化的和合共生；坚持文化主体性，促进乡村文化与外来文化的和合共生，最终实现“美美与共，天下大同”的乡村文化生态和谐的价值目标。

4

乡村建设的文化自觉“何以缺失”的认知分析

马克思说过，“随着经济基础的变更，全部庞大的上层建筑也或慢或快地发生变革”[1]。中国乡村的生产力和生产关系也在全球化背景下发生着深刻变革和调整，随之带来乡村文化的发展和变迁。当前，我国乡村建设的顶层设计日益完善、乡村民众的生活水平和物质条件不断提高、乡风文明建设有很大提高、乡村面貌逐渐改善，乡村建设取得了历史性成就。然而，在乡村建设的过程中从理论到实践等诸多方面都存在着文化自觉缺失的问题，成为制约新时代乡村建设深入发展、影响乡村全面振兴的重要因素。本章对于乡村建设的文化自觉“何以缺失”问题的思考，主要从文化自觉缺失的表现和文化自觉缺失的根源两方面展开。

[1] 马克思恩格斯选集(第2卷)[M].北京：人民出版社，1995：32.

4.1 乡村建设的文化自觉缺失

全球化是一种全世界普遍的相关性，全球化对各个国家和民族来说，既会增加一致性的作用，也会激化此消彼长的争斗。随着全球化的深入发展，乡村不同文化之间的交往不断增强，与此同时，乡村不同文化之间的冲突也日益凸显。全球化给乡村带来了一系列文化冲击：物质文化冲击精神文化、城市文化冲击乡村文化、现代文化冲击传统文化、全球文化冲击本土文化、大众文化冲击精英文化等。各种文化相互碰撞交锋交融，形成复杂的文化场域和文化场力，造成了各种文化的融合共生、对立冲突和隔离边缘化，从而对乡村文化发展带来一定的负面效应，使乡村文化的生存空间受到挤压，旧的文化秩序崩溃而新的文化秩序没有补充，乡村文化衰败成为既定事实。这导致新时代中国乡村建设面临文化发展困境，并呈现出一系列文化自觉缺失的表征。其具体表现在乡村传统文化的价值危机、乡村建设主体的文化失语、乡村传统文化的发展失序、乡村本土文化的发展失范、乡村文化的生态失衡五个维度层面。

4.1.1 价值维度：乡村传统文化的价值危机

乡村传统文化不仅是中国传统文化遗产的重要组成部分，也是村民信仰表达与精神寄托的文化母体。其植耕于数千年农业文明与农耕文化基础之上，形成了特有的价值理念，如“守望相助、温暖诚信、敦亲睦邻、孝亲敬贤、天人和谐、以和为贵、积极向上、崇德向善、克勤克俭、耕读传世”等。这些内化了乡村价值并口口相传的传统文化观念，能为乡村建设提供乡规民约、道德规范等方面的行为准则，有助于调节乡村社会的良好关系，实现乡村社会的自主治理。

然而，随着我国城市化的快速发展和市场化的快速推进，各种现代文明价值观念也渐进地涌入，冲击着原有处于封闭状态的传统文化价值观，乡村传统文化形式和内涵发生改变。一方面，作为强势文化的城市和工业文化以其先进性和开放性不断吸纳、改造乡村的弱势文化，乡村传统产业结构得以优化，乡村民众的生产生活方式加快了由传统向现代的转变。另一方面，在城市文化与乡村文化、工业文化与农业文化、传统文化与现代文化相互博弈与激荡的过程中，弱势文化面临被强势文化“涵化”和“同化”的威胁。乡村民众的文化价值观处于复杂矛盾期，保守与开放、感性与理性等思想交织在一起，多数民众在面对多元文化的包围时往往缺乏有效的辨别力，文化选择具有较强的动态性、盲目性和随意性，显示出文化选择的盲从与矛盾心态，乡村传统文化的价值危机也就在所难免。乡村传统文化的价值危机就是乡村传统文化与现代社会文明之间张力的产物。统观当下，其主要体现在以下两个方面。

4.1.1.1　村民的精神信仰缺失

“信仰是人类特有的精神现象，是人们对一定的世界观、人生观、价值观等观念体系的信奉和遵循，是统摄其他一切意识形式的最高意识形态。”[1]乡村是一个天然的教化空间，乡村社会的稳定需要一整套信仰体系作为支撑，村民需要精神信仰来为自己确立价值目标。精神信仰具有缓解村民精神压力、慰藉村民心灵、提高村民道德水平、规范村民日常行为、丰富乡村节日庆典、传承乡村传统文化、促进乡村社会稳定与乡风文明建设等一系列的正面积极作用。当前，正处于文化转型期的乡村社会不断受到外来文化的影响，尤其是西方资本主

[1]　李晓荣.略论意识形态与信仰的关系[J].理论导刊，2014(5)：47-51.

义和自由主义的入侵，形成了鱼龙混杂的乡村多元文化价值观的局面。[1]。我们可以从价值信仰和宗教信仰两方面来认识与理解当前村民的精神信仰现状，二者共同关心的都是如何将有限的生命转化为无限的永恒的人生意义的建构[2]。一方面，宗教信仰作为人类灵魂的标注，体现了村民对生命意义的根本关怀与终极追问，它需要处理个人与灵魂的关系问题，以及如何面对死亡、延续生命意义的探索问题。当下村民的宗教信仰带有明显的“混搭”风格，并非一种宗教或意识形态能够表达清楚。中国本土的儒家思想、道家哲学、阴阳五行学说、自然崇拜、神仙信仰、鬼怪观念、巫术习俗以及外来的佛教、基督教、天主教等都在广袤的中国乡村生根发芽，相互交融在一起。其能深植乡村无非凭借两点——功利化和世俗化。功利与世俗并非什么贬义词，在乡村这样一个受市场经济影响和重视现世生存的环境中，功利与世俗是乡村信仰得以存在和发展的基础，是现实世界的积淀与回响。另一方面，价值信仰是关于个人与他人、个人与社会之间关系的根本认识，体现了村民对于人生“终极价值”或“本体性价值”的追求，是村民得以安身立命和为人处世的基础与原则。随着村民的市场经济意识不断提高，村民参与经济活动的内驱力与动机增强，村民的法治意识、竞争意识、平等意识也日益增强，并以不可逆转之势推动着乡村文化思想的进步。但市场经济特有的价值准则也为村民伦理精神蜕变提供了“催化剂”，功利性的价值取向和世俗性的思维取向导致人的“物化”和理想信念、生存意义的失落。村民在乡村社会处于价值标准不断弱化、价值取向可以任意选择的文化境遇之中出现了无序和迷茫。市场逻辑和商品主义法则强化之下的“个人主义”“物欲主义”“拜金主义”等消极文化观念在乡村社会蔓延和膨胀，乡村主流文化信仰和核心价值观念受到冲击。村民对精神信仰、传统权威、道德规范、公众舆论不再存有敬畏之心，他们脑海里只有权利意识与个人欲

[1] 张良. 浅析农村公共文化的衰弱与重建[J]. 调研世界，2009(5)：31-33.

[2] 吴理财，张良. 农民的精神信仰：缺失抑或转化？——对农村基督教文化盛行的反思[J]. 人文杂志，2010(2)：175-180.

望，对“集体主义”和“社会主义”的认同感下降，集体观念被“利己主义”取代，艰苦朴素的民风被“享乐主义”替代，重义轻利被见利忘义取代，责任与义务早已抛之脑后，这势必导致这些村民价值信仰的缺失。从表面上看，村民精神信仰缺失是一种经济发展与文明退化的二律背反现象，但究其深层次原因，是村民对自身生活方式与自我身份的否定，是对乡村文化自信的丧失[1]。

4.1.1.2　乡村伦理道德边缘化

“伦理”(Ethics)概念来自希腊文“Ethos”，蕴含着西方文化的理性、科学、公共意志等属性；“道德”(Morality)概念蕴含着更多的东方文化的情性、人文、个人修养等色彩[2]。二者概念界限模糊，但有着各自的概念范畴和使用区域，不能相互替代。伦理道德即内在的价值理想和外在的行为规范，是处理人与人、人与社会、人与国家关系时应该遵守的规范。乡村伦理道德包括村规乡约、孝悌文化、宗族文化、传统习俗、婚姻道德、财富观念等内容，维系着乡村社会的和谐稳定与可持续发展，这是几千年中国乡村社会发展的事实明证与经验总结[3]。

梁漱溟认为：“一切的社会组织均以家为中心，所有的人际关系，都从家的关系出发。”[4]而在中国乡村，“流动”与“留守”成为描述乡村变迁的关键词，年轻人背井离乡，使得“留守老人”“留守妇女”“留守儿童”等问题冲击着传统家庭伦理道德根基，并带来乡村的“空心化”“老龄化”“女性化”和“低龄化”问题，造成亲情与真情等内生性伦理格序失范，父子不亲、婆媳不容、夫妇不和、兄弟不睦、老无所养等孝道和信任问题加重。

---

[1]　孙喜红，贾乐耀，陆卫明. 乡村振兴的文化发展困境及路径选择[J]. 山东大学学报(哲学社会科学版)，2019(5)：135-144.

[2]　尧新瑜. “伦理”与“道德”概念的三重比较义[J]. 伦理学研究，2006(4)：21-25.

[3]　杜玉珍. 重建乡村和谐之基——伦理道德[J]. 前沿，2009(7)：26-29.

[4]　梁漱溟. 中国文化要义[M]. 上海：上海世纪出版集团，2010.

4.1.2 主体维度：乡村建设主体的文化失语

新时代中国乡村建设和乡村文化面临的问题很多，但最主要的困境是乡村建设中文化主体的流失和主体的文化自主性不足，造成传统乡村文化生长的土壤出现了荒漠化倾向，乡村社会失去了自治与发展的内生动力。

4.1.2.1 乡村建设的主体缺失

乡村建设主体的改变造成乡村建设的文化主体缺失。其主要表现在：一是乡村青壮年农民的流失。这部分人创业能力强、技能水平高、综合素质好、带动作用大，他们不仅是经商、务工的好手与能人，也是乡村建设的主体。他们的流出直接导致乡村缺少致富带头人，也带走了乡村建设的社会资金，影响着乡村的经济社会发展。他们之中有一部分是青少年学生，是未来乡村建设的接班人，但随着越来越多的乡村学生进入城市高校升造，大部分乡村大学生毕业以后选择在城市发展，导致未来乡村建设缺少带有新技术新理念的新鲜血液注入，乡村文化很难得到良性发展。二是留守群体成为乡村建设的主体。留守群体大多为年迈老人、妇女和儿童等老弱病残，他们在乡村建设中的逻辑是生计与生活，主动参与乡村建设的意愿低。可现实情况是，留守老人与妇女共同承担养育子女，并从事着照顾家庭和农业生产的重任。但体力劳动重、抚养任务重、精神负担重的"三重"问题随时会影响到他们参与乡村建设的态度和决心。由于留守老人和妇女社会活动少、世面见得少、经济开销少、夫妻见面少的"四少"难题[1]，一定程度上也会影响到他们对乡村多元文化的认识与解读。对于留守儿童而言，随着文化生态环境的改变，他们在学校日常学习中接触到的更多是以城市文化为蓝本的知识教育，而乡村文化教育的缺位，使其无

---

[1] 庞海云. 浅议农村留守妇女的婚姻幸福感[J]. 长春工业大学学报(社会科学版)，2014(2)：84-86.

法感受到乡村文化的吸引力，反而加速了他们对城市文化的向往。加之父母一方或双方不在场，造成家庭教育缺失或“隔代教育”问题突显，有的孩子甚至产生认知、价值上的异化和个性、心理发展的异常，出现留守儿童乡村文化认同危机[1]。三是留守群体难以成为乡村建设的行为主体。当下乡村建设队伍中以留守群体为主的人才队伍还呈现出年龄偏大、文化程度偏低、教育子女能力偏差、与老人关系偏差、身体及心理状况偏差的“五偏”弊端。留守群体难以紧跟时代步伐、积极开展有效的文化活动，最终沦为乡村社会的边缘人物。留守群体适合做乡村的生活主体，因为其年龄、性别以及疏远的文化心态，所以难以成为乡村建设的行为主体。由此可见，当乡村文化无法获取乡村建设主体的广泛认同和积极参与时，乡村文化发展的未来之路便会变得迷茫。当乡村建设主体逃离乡土，农耕文明不再是其引以为傲的生产生活方式时，乡村文化必然走向衰落乃至消亡。

4.1.2.2 村民的文化主体性意识不足

任何一种文化都是以满足人的需求而产生和发展的，人是文化的主体，也是文化的承载者和创造者，是整个人类文化系统的最高价值目标[2]。人的文化主体性是人类从事一切文化创造活动的内在依据，其呈现出来的主观能动性是文化创造与发展的内在依据，是进行文化管理与控制的保障和动力。人的文化主体性表现在人的活动的各个方面和各个环节，其中，人的劳动实践是人的文化主体性的集中表现。因此，乡村建设作为人的生产实践活动也是村民的文化主体性的集中表现。

村民是乡村建设的真正主体，乡村建设之所以成为可能，起决定作用的还是在于占大多数人口的村民这个主体本身。村民既是乡村的使用者与建造者，也是乡村文化的实践者与规范者，在乡村建设中发

---

[1] 吕宾. 流动与留守背景下乡村文化建设的困境及其破解[J]. 理论导刊，2019(8)：102-109.

[2] 苗伟. 论人的文化主体性[J]. 云南社会科学，2012(7)：55-60.

挥着重要的主体作用。在乡村建设实践中，村民既满足了自身生存与发展需要，又创造了自身的生活与文化，实现了自我支配、主宰与确证。然而，当前中国乡村建设的现状是村民的文化主体性意识淡薄，主体角色的重要性未体现在文化主体性意识的表达上，并且正陷入文化主体性的异化危机。所谓"主体性意识"是指个体对于自身定位、能力和价值观的一种自觉性[1]。村民的文化主体性意识是村民的文化主体性的集中反映。在乡村外来文化他者介入乡村建设的背景下，村民习惯于依赖高层决策者和外来文化介入者，在主观意识上将自身定位于一种跟随者的位置，而外来文化介入者便展现出文化权利控制的角色。尽管高层决策者在乡村建设中一如既往地将村民的文化主体性置于重要位置，但这种"他者化"的文化主体性所包含的文化自觉意识已经在无形中被削弱了，村民由此变为高层决策者或外来文化介入者开展文化行动的客体。这意味着村民的文化主体性更多地依赖于外界的给予和支配，村民已然成为与自然、社会、文化等并列的客体要素和乡村建设活动的指向对象，而非乡村建设的主体[2]，使得村民的文化主体地位呈现出缺失的现象。换言之，在乡村建设中，实际的文化主体变成了外来参与的文化介入者，而作为真正文化主体的村民却被边缘化。产生这一问题的根源在于村民没有获得与其政治经济身份相匹配的文化身份，造成村民文化主体意识不足和文化失语，以及随之而来的外来介入者文化控制力的扩张。就未来乡村可持续发展而言，村民主体性意识的提升是至关重要的，这就需要唤醒村民的"文化自觉"意识，只有通过文化自觉，才能唤醒村民的文化主体性意识，才能促成村民在文化实践中的理性行动和反思意识，自觉协调多元主体之间的合作关系，重建乡村文化共同体意识。但这最终要取决于村民是否能真正成为乡村建设的参与者和受益者。

---

[1] 易雪，朱瑾. 基于马斯洛需求层次理论的传统村落营建策略[J]. 现代装饰(理论)，2016(10)：283-285.

[2] 王韬. 村民主体认知视角下乡村聚落营建的策略与方法研究[D]. 浙江大学，2014：52.

4.1.3 发展维度：乡村传统文化发展失序

乡村在时代的剧变中正经历着乡土社会的瓦解与转型。乡村文化作为中华民族的根与魂，蕴含和支撑了中国人历经千年而仍然存在的优秀传统和文化精髓，也正遭受着古今中外多元文化浸淫下的冲突、碰撞、裂变乃至断裂[1]。乡村传统文化衰败化明显、碎片化突出，乡村传统文化发展面临失序。

4.1.3.1 乡村传统文化衰败化明显

乡村社会人口的单向流动是由乡村内生离心力和外生牵引力共同作用的结果。在此作用下，城市文化与乡村文化被人为地置于不平等的天平上。部分村民甚至把逃离乡土的梦想寄托于下一代，“村民离土”变成一个“代际传递的梦想工程”，这样下去，乡村势必会人去楼空。

费孝通认为，中国传统乡村是“熟人社会”，整个社会结构是一种“差序格局”，这是乡村社会秩序运行的基本逻辑，文化网络的力量随处可见。邻里、血缘、地缘、乡贤在联结社会关系纽带方面起着重要作用，村庄舆论对成员的约束力比较强。从社会结构的内部看，乡贤是促成乡土社会稳定的中坚力量，是生于斯长于斯的文化人和道德标杆，发挥着文治教化、伦理指引等作用。但反观现实，乡土社会中乡贤发挥的功能逐渐减弱，乡贤在现行乡村文化体系运行中的地位逐渐被边缘化，导致乡村文化话语权消解、失去凝聚人心与汇聚村民的力量，乡村传统文化地位也逐步边缘化。历史悠久的传统村落被誉为乡村历史文化的“活化石”和乡村民间文化生态的“博物馆”[2]，传统村

---

[1] 刘亚玲.场域嵌入：乡村传统文化发展的认识论和方法论研究[J].图书馆，2018(9)：5-9.

[2] 杨彩虹，王开开.美丽乡村建设过程中传统村落的保护与利用[J].中州学刊，2016(6)：86-89.

落建筑与格局无不体现乡村民众的生活智慧与文化理念，也是乡村传统历史文化基因的重要载体和“母本”，传统村落蕴含的中华文化血脉更是治疗当代文化疾病的“脐带血”。而大量传统村落的消失使得风俗习惯、传统礼仪、民俗文化和传统建筑等失去了展示场所，导致村庄的空心化和文化的空心化，乡村历史记忆消失，乡村文化传统断裂，乡村沦为毫无生机的文化荒岛。其中，乡村公共文化空间是传统村落文化存在和展示的重要载体，戏台、祠堂、集市、庙会、村口等既是村民日常聊天、交流和了解公共事务的地点，又是传统乡村公共文化活动的场所。但随着村民生产生活方式和文化追求的改变，村民的个体意识在不断觉醒和强化，乡村公共文化空间和公共活动在不断消退。村民的许多文化活动借助手机、网络、电脑等媒介完成，这种文化私人性的扩展与延伸，改变了乡村文化交流、传播的路径，使乡村公共文化空间的凝聚力和向心力在消解，村民的公共文化活动参与度减少，公共文化活动逐渐成为村民的集体文化记忆。另外，一些乡村地方政府在保护、传承乡村文化方面缺乏自觉，对文化建设扶持力度不够，乡村文化事业投入不足，导致乡村公共文化服务体系不健全，乡村文化产品和文化设施难以满足乡村民众的情感寄托和精神慰藉。这样一来，村民无法借助乡村公共文化空间进行文化传承与传播，乡村文化传统在个体化进程中便会逐渐走向衰败。

4.1.3.2 乡村传统文化碎片化突出

“碎片化”(fragmentation)一词，常见于20世纪80年代有关“后现代主义”的议题中，其原意是指完整的东西被打散成诸多零碎块。严墨指出：现代社会是一个易于“碎片化”的时代，同时又是一个把“碎片化”不断重构的社会[1]。当前，乡村传统文化发展没有出现令人满意的新旧更替或推陈出新，反而呈现出更为严重的“碎片化”倾向，这表现在两方面：一方面是“自为”的乡村文化碎片化。乡村传统文化并

---

[1] 严墨. 文化变迁的规律——碎片化到重构[J]. 中央民族大学学报(哲学社会科学版)，2006(4)：50-54.

非一成不变，而是有其自身发展的运行逻辑和演化规律，其部分文化功能随着时代变化也发生了根本性变化，不再构成村民生产生活的必需，例如年夜饭必放的大麻炮、烧制陶器的穴窖、泸州地方方言、苗族的婚恋习俗等许多文化要素都出现不同程度的衰退，“自为”地散落在乡村中。另一方面是“人为”的乡村文化碎片化。一是某些文化资源由于人为的选择而出现暂时的“资源闲置化”状态，但其文化功能并未丧失。例如某些祠堂因无人使用而空置，水车、水利系统等处于停工期等。二是文化保护主体单一导致乡村文化碎片化。乡村民众是乡村历史文化保护的主体之一，但长期以来，政府一元主体的支配模式使乡村民众丧失了文化活动的自主权，在乡村历史文化保护与开发过程中往往变成政府单方意愿的分内事，处于“政府说、群众听”的低参与状态，乡村民众参与度低，在工作实践中缺乏主动性和创造性，致使乡村历史文化呈现碎片化。三是文化碎片化还体现在乡村文化商业开发中的“媚俗”现象。“媚俗”通常用来批评那种有意迎合、讨好世俗、巴结大众低级趣味的行为，比如在“眼球经济”的招摇下，随处可见的商业炒作、名人猎奇等。波德里亚在《消费社会》一书中断言：“媚俗是一个文化范畴”[1]。在此，这是为乡村文化碎片化量身定做的文化范畴。其表现为对某些地方某些文化习俗的某些特征的无限夸大甚至污名化。这种快餐文化式的消费策略绝不是文化的正途，其已经脱离乡土本色，对于我们传承乡风文明、创新乡村传统文化是极为不利的，这是一种速生者往往速朽的“伪文化”。

4.1.4 实践维度：乡村本土文化发展失范

乡村本土文化也称乡土文化，是土生土长的在地文化。它包括本土文化现象和我们对本土文化刺激时带来的感觉。乡村本土文化是乡土中国重要的组成部分，是滋养中国式审美和传统生活方式的重要土壤。但现代工商业的崛起改变了以土地为核心的传统经济形态，村民

[1] 荀洁. 基于文化批判视角的网络女性形象研究[D]. 苏州大学，2017：115.

离土后迅速地融入了快节奏的城市生活，乡村本土文化在乡村城市化实践中逐步被消解，不断式微湮灭，承载着乡愁记忆的乡土地标也正在消失，乡村建设面临本土文化失范的尴尬之境。

4.1.4.1 原生态乡村文化语境弱化

在全球化和商业化境遇下，一方面，乡村外来“介入”力量把追求经济效益的最大化作为乡村建设的主要目标，他们专注“眼球效应”，钟情于乡村本土文化中那些神秘、诡异、刺激的感官元素开发与利用；或者专注视觉形式美化而展开的“化妆运动”，陷入形式主义的误区。而乡村本土文化意涵被刻意简单化处理，导致乡村建设实践与乡村的真实生活语境相分离，这既与乡村文化的原生态相违和，又造成乡村本土文化的异化。另一方面，随着乡村现代化进程的加快，乡村从相对封闭到全面开放，乡村地域概念被颠覆、信息沟通渠道变畅通，乡村原住民通过大众媒体和新兴媒介了解外面的世界，耳濡目染地熟悉不同的文化形式，受到外来文化潜移默化的影响，这也造成乡村原生态的文化语境弱化。在这种语境下，乡村本土文化内涵被消解、乡村文化发展与历史脉络相分离、乡村文化秩序受到破坏，这不仅导致乡村文化生态的退化，还导致乡村本土文化失范。有的乡村地方语言文字处于濒临消亡的危境，有的少数民族乡村随着一些民间艺人的老化和逝去，民间文化艺术面临后继乏人和失传的困境。当前，脱离乡村原生态语境的外来文化力量并不能说明其意义的多样化，恰恰相反，由于同原住民的生活世界相分离，乡村原生态文化在实质上表现为日趋贫瘠化倾向。而原生态乡村文化个性是乡村的立身之本，若其文化语境消泯或弱化，就会丧失其在现代社会中的存在意义与价值。

4.1.4.2 乡村特色文化资源流失

乡村特色文化资源既有物质文化资源，如特色民居、田园风光、院落景观、孔庙、学堂、宗族祠堂、城隍庙、戏楼、钟鼓楼、村落小广场、历史人物旧居墓庐等，也有精神文化资源，如传统习俗、民间故事、文化传说、表演艺术、宗教节庆活动、家规族训、老手艺技艺工艺等非物质文化遗产。这些特色文化资源的价值不仅在于其本身的欣赏性、艺术性和娱乐性，还在于其凸显乡村本土特色和生命个性，为在地居民创造了富有地域特色的文化场域，承载着乡村原生态文化的历史印记[1]。

特色是乡村可持续发展的根基，乡村特色归根到底来源于乡村文化。但随着城镇化的不断推进，乡村文化逐渐被淹没在“城市化”之中，致使乡村文化模式化、符号化、同质化严重，乡村文化丧失了维持自身更新的可能性，乡村丢失了乡村文化特色风貌和内涵。比如在乡村建筑与规划方面，简单照搬城建模式，传统民居被建成整齐划一的现代洋房，古建筑、古村落、历史文化景观的改造不合理，以至于“中国传统建筑样式所承载的审美文化情趣、古民居门楣楹联所寄寓的人文艺术志趣都消失殆尽”[2]。调查显示，在现代文化与城市文化的冲击下，包括乡村文化技艺、文化活动、文化形式等许多乡村传统特色文化符号也正在消失。比如随着乡村民间民俗文化艺术的生存空间在缩小，一些文艺活动表演因缺少市场和观众逐渐淡出舞台，一些民间艺人开始转行、另谋职业，这加剧了民间民俗文化的萎缩，导致许多民间绝活失传。随着市场经济的工具理性在增强，民间艺术很难吸引到青年人的参与，秧歌、皮影、戏剧、舞龙、舞狮等乡村传统群众性文化活动也逐渐解散，这些既凝结村民智慧、又体现历史变迁的乡村特色文化面临衰退。在文化趋同、特色危机等诸多负面影响下，乡村没有了历史记忆、文化脉络、地域风貌、民族特点，结果是“一村又一村、村村像城镇”。如果我们不能在城镇化中抢救“乡愁”、启动“乡村记忆工程”、全面推进“拯救老屋行动”，便会正如冯骥才所预言的那样：“千姿万态的中国乡村就会变成城市里那些建筑垃圾”。

---

[1] 周军. 中国现代化进程中乡村文化的变迁及其建构问题研究[D]. 长春：吉林大学，2010；84.

[2] 孙喜红，贾乐耀，陆卫明. 乡村振兴的文化发展困境及路径选择[J]. 山东大学学报(哲学社会科学版)，2019(5)135-144.

4.1.5 生态维度：乡村文化生态失衡

乡村文化生态失衡意味着乡村社会关系出了问题，包括乡村文化脱域化严重，乡村原生环境遭到破坏，乡村多元文化主体之间的相互贬低、侵蚀、反对和不承认等。这是乡村多元文化生态之间矛盾与冲突的结果，相反，如果文化生态相互之间是一种肯定与尊重的态度，那么乡村社会关系就是和谐的。

4.1.5.1 乡村文化脱域化严重

安东尼·吉登斯指出，“脱域”(disembeding)是指“社会关系从彼此互动的地域性关联中，从通过对不确定的时间的无限穿越而被重构的关联中‘脱离出来’”[1]。

这反映了地域性关联在乡村文化形塑中的重要性，也就是说，乡村文化形塑是与其地域性关联要素共生的，乡村建设要坚持文化与地域性相结合的原则。但遗憾的是，当前乡村建设中乡村文化的“脱域化”现象较为普遍，乡村文化在开发利用中脱离了其赖以生存的地域性文化关联，包括自然环境、社会环境、人口构成以及在此基础上形成的各种社会关系要素等。这主要反映在两个方面：一是乡村文化在“内生演变”中的“脱域化”。比如在乡村规划中，有的规划是自上而下的，村民没有参与；地方政府争相请名机构、名专家来规划，而外来专家对村情的了解只有皮毛，规划脱离实际，有的规划甚至按照统一的模板和模式进行简单复制。这种“脱域”的乡村规划如果不结合当地资源，脱离了乡村文化赖以生存的文化背景，便会破坏乡村地域文化空间。二是乡村文化在“外部植入”中的“脱域化”。乡村文化有其独特的地域性、乡土性、社群性和开放性，这些特性只有在不同文化之间交流与互鉴中才能“各美其美，美美与共”[2]。但现实情况是，

[1] 安东尼·吉登斯. 现代性的后果[M]. 田禾，译. 南京：译林出版社，2011：18.
[2] 李军明，向轼. 论乡村振兴中的文化重构[J]. 广西民族研究，2018(5)：96.

乡村建设的“外来力量”在乡村文化的“嫁接”中具有很大的随意性，在新的“文化植入”和“异地重构”过程中，只重视经济利益而忽略文化保护，较少考虑外来文化与乡土地域环境的适应性与和谐性，生搬硬套或无中生有地制造出与当地文化生态时空分离的、粗制滥造的甚至假冒伪劣的文化产品，这种不顾“地域性”的“脱域性”开发模式，破坏了乡村文化共同体原则，由此造成了当地乡村文化系统的生态失衡。

4.1.5.2　乡村内部不同文化阶层的格局改变

从乡村社会文化阶层的构成关系来看，乡村主流文化、乡村精英文化和乡村大众文化是最基本的文化形态。在乡村现代化建设中，必须努力处理好三者的关系，使每一种文化形态都肩负起自己的时代责任，否则，就会不同程度地对乡村文化生态系统造成影响，导致乡村文化生态失衡的反常状态。

第一，乡村主流文化地位受到挑战。德里达最早提出“主流文化”的概念。我国学者经常将其与“主体文化”“主导文化”“主体性文化”“主旋律文化”等概念等同使用。那么，何为主流文化？学界有不同界定和阐释。比如，“在社会中占主导地位或统治地位的文化，它反映了社会文化的性质和面貌”[1]，“当代中国的主流文化就是有中国特色社会主义文化”等[2]。由此可见，乡村主流文化不仅代表了国家意志和乡村文化的前进方向，也会映射出一定时期乡村社会的经济基础和上层建筑的性质以及变革的方向。但是，在当前文化多元化、社会多样化、社会信息化的背景之下，中国乡村的主流文化地位和作用受到了影响和挑战。官僚主义、贪污腐败等现象在乡村民众中产生的负面影响，这与乡村主流文化目的相悖，极大地阻碍了大众文化的

[1]　葛南. 浅议主流文化与思想政治教育[J]. 北京交通大学学报(社会科学版)，2005(1)：68-70.

[2]　邹广文. 当代中国的主流文化、精英文化与大众文化[J]. 杭州师范学院学报(社会科学版)，2002(6)：12.

发育和成长。在乡村现实生活当中，乡村主流文化正遭受着大众文化的抵制、“三俗化”倾向的冲击、网络文化的消解，乡村主流文化面临着濒临“非主流”的尴尬境地[1]。

第二，乡村精英文化逐渐衰落。乡村精英文化的主体是文化精英，是具有传统文化知识储备和生产生活技能的村庄文化能人、乡村教育工作者、乡村医护人员以及掌握新信息手段的技术能人，可以统称为乡村知识分子。乡村精英文化是乡村广大知识分子智慧的高度结晶，是一种自觉的文化。其与世俗生活保持一定距离，价值观较为恒定，具有深刻性、系统性、非功利性的特点。乡村知识分子具有先进性的特点，是“经典”与“正统”的解释者与传播者，是先进文化自觉的实践主体，乡村建设的文化自觉意识需要这些乡村知识分子来唤醒。一方面，乡村文化精英在乡村内部具有一定的权威和认同感，承担着社会教化的使命，发挥着价值规范导向的功能，他们的言行举止具有一定说服力；另一方面，乡村文化精英能够承担起传播乡村内生文化的职责，享有解释历史、评议现实和科普教育的职业特权，负责向民众灌输文化理想和提供精神文化产品。但在乡村社会转型和市场经济环境下，乡村精英文化正在逐渐衰落。这大致表现在三个方面：一是随着乡村精英人士的大量流失，造成乡村干部后继不足、乡村经济发展缓慢、乡村文化建设滞后、乡村社会信任缺失等一系列后果；二是以乡贤为代表的文化精英的政治热情逐渐冷却，乡村社会发展缺少了理性的声音和引导，乡村文化精英没有起到搭建政权与民众之间沟通的桥梁作用，乡村精英文化也未真正达到对乡村主流文化的巩固作用。三是由于乡村精英文化的良莠不齐，其表现形式、传播方式和运营机制都缺乏意识形态性，部分精英文化开始滑向商品化、平面化的大众文化运作，由此加剧了精英文化的思想贫血和精神萎靡。有少数文化精英更是受到西方思想的侵蚀而将不良的社会风气渗透于主流文化之中，致使主流文化的主导地位受到冲击与挑战。

第三，乡村大众文化走向低俗。大众文化(mass culture)是指在现

---

[1] 冯向明，李开辉. 主流文化面临的困境及主流地位重塑[J]. 青春岁月，2013(7)：391.

代工业社会中产生，按市场规律去运作，以大众传播媒介为手段，旨在使普通民众获得感性愉悦的日常文化形态[1]。它一方面同共时态的主流文化、精英文化相对应，另一方面也同历时态的各类民间文化、通俗文化相关联。它改变了文化的封闭状态和单一格局，实现了文化的商业化、通俗化、大众化、娱乐化与共享化，促进了当代社会审美风尚的形成和文化市场的繁荣。属性的商品化、传播的媒介化、制作的标准化、审美的日常化、形式的娱乐化、趣味的时尚化是其最显著的特点。随着乡村现代化进程的加速，大众文化在乡村的快速发展有其历史必然性。但是，较之乡村社会变革的良性发展，乡村大众文化却有着低俗的成分：一是乡村大众文化越位发展，过分强调文化的宣泄功能，过分夸大事物的负面作用，从而使乡村传统文化特有的正面教育和引导作用弱化。在乡村文化传播过程中出现了大量宣扬暴力、色情、迷信等方面的内容，造成对高雅文化的冲击，对乡村广大青少年产生严重的负面影响。二是乡村大众文化呈现消费化趋势，具有商品拜物教特性[2]。乡村大众文化不择手段去迎合乡村民众的各种商业口味，为自己制造消费者，使更多的民众沉溺于消费之中而不能自拔。三是乡村大众文化的单调、平淡、庸俗以及只追求闲暇娱乐和道德虚无主义的文化心态，极易诱导乡村民众丧失对现实的责任感和道义感，造成乡村文化的人文精神失落，也便利了西方意识形态向我国乡村社会生活的渗透，从而在长远的历史中加深人们的异化。四是乡村大众文化导致乡村民众的公民主体意识和参政意愿不强。政治参与仅仅被视为利益诉求的工具，若政治目的无法达成，乡村民众很有可能不再进行进一步的政治参与，这对乡村主流文化和精英文化构成很大程度的冲击。

---

[1] 惠敏. 当代美国大众文化的历史解读[D]. 山东师范大学，2009：26.

[2] 杨华. 论法兰克福学派的媒介批判和文化批判[J]. 西北民族大学学报(哲学社会科学版)，2005(3)：142-146.

4.2 乡村建设的文化自觉缺失根源

乡村建设的文化自觉缺失的根源是多方面的，既有国内外各种因素的影响，也有乡村内外各种因素的影响，是内因与外因、主观与客观共同作用的结果。其中，外部根源主要表现为现代性扩张带来的乡村多元文化之间的矛盾冲突，内部根源表现为二元结构带来的城乡文化矛盾冲突，包括乡村内部主流文化、精英文化和大众文化之间的矛盾冲突等，历史根源表现为文化认同危机带来的主体性和理性缺失。这些根源带来的矛盾冲突并不是孤立的，而是错综复杂、盘根错节、相互影响，当矛盾双方表现为新文化模式和传统文化模式之间的冲突时，双方会不相适应，传统文化模式会为了维护自身的存在而为新文化模式的产生设置种种障碍，所以自觉不自觉地就会抵制新文化模式。在这样的文化冲突背景下，文化主体就会陷入文化比较、选择和整合的困境，这也成为乡村建设的文化自觉缺失的普遍性根源。

4.2.1 现代性扩张是造成文化自觉缺失的外部根源

长期以来，学界对“现代性”的理解众说纷纭，但我们如果将其概念还原到现实张力网和场域之中，并不意味着无法聚焦和言说。首先，在时间层面，按照尤尔根·哈贝马斯(Jürgen Habermas)的说法，“现代性”(modernity)一词表达了一种与“古代性”的过去息息相关的时代观念，其通过“贬低直接相关的前历史，并与之保持一段距离，以便自己为自己提供规范性的基础”[1]。“现代性”标志着一种历史断裂和连续的统一，是连续中的断裂。其次，在思想层面，“现代性”是“现代化”(modernization)在思想观念上的体现，它是由近代西方社会资本主义化所引发的自然科学与人的解放催生而发展至今的整个人类知识、观念和思想体系，以及这些知识、观念和思想所建构的整个现代人类文明[2]。哈贝马斯也指出，“人的现代观随着信念的不同而发生了变化。此信念由科学促成，它相信知识无限进步、社会和改良无限发展”[3]。最后，在实践层面，“现代性”是现代人对现代变异的种种体验与认同的过程。让·弗朗索瓦·利奥塔(Jean - Francois Lyotard)在《非人——时间漫谈》一书中指出，不管何种理解，现代性总是囿于人类及其社会的。“现代性”作为一种合目的性的、持续进步的且不可逆转的发展的时间和思想观念，通常通过诸如生产方式的工业化、生存方式的城市化、经济的自由化、政治的民主化、观念的个人主义等实践历程展现在世人面前。同时，有各式各样的概念被用来描述现代性的社会，如全球化、理性化、世俗化、异化、商品化、去脉络化、主观主义、线性进程、普世主义、大众社会、工业社会、同质化、交杂化、消费主义、多样化、中心化、机械化、极权、享乐主义等。这些概念既充满着歧义与纷争，又具有普遍性意义和价值。

“现代性”由于其先进的生产方式和高度发达的生产力，使得它成为一种全球性的发展趋势。近代以来，随着“现代性”向中国乡村的扩张与渗透，中国乡村文化与西方现代文化不期而遇，这使得乡村文化的现代性特征十分突出，这种现代性特征带有很强的侵略性与变革性，其不仅深刻地改变着乡村的生产生活方式、利益格局和经济秩序，更深刻地改变着乡村民众的思想观念和价值取向。“现代性”是一

---

[1] 傅永军.哈贝马斯的现代性视野[J].山东大学学报(哲学社会科学版)，2007(3)：24-31.

[2] 张正州，任中平.社会转型期的乡村价值危机探析[J].贵州师范大学学报(社会科学版)，2014(3)：62.

[3] 吴扬，高凌飚.后现代主义思潮与教育评价观念的演变[J].教育科学研究，2012(3)：27-31.

把双刃剑，一方面在给乡村发展带来机遇的同时，促进了乡村不同文化之间的交流、互鉴与交融；另一方面也给乡村社会带来了功利主义文化和消费主义文化，造成乡村不同文化之间触碰、纠缠与博弈，并不断吞噬着乡村文化资源和生存空间，造成乡村建设的现代性困境。中国乡村文化经历了由消极抵制到被动变迁的过程，其封闭性、继承性、保守性的特点导致了它的僵化和停滞，使它在西方现代文化的开放性、流动性、革命性面前不堪一击。这其实体现出的是中国乡村传统的“自然主义文化”“经验主义文化”和西方近代“理性主义文化”之间的矛盾冲突，这也是近现代以来中国乡村文化所面临的基本境遇。与西方现代文化相比，中国乡村传统文化有维护社会平衡与稳定的重要功能，但这种作用的发挥是以物质生活的贫乏和现代化的滞后为代价的。一种文化样态只有符合文化主体的价值观和社会期望时才会被主体选择。“现代性”使身处其中的不同利益主体之间形成了各自相异的文化价值观，并由此形成文化冲突。这主要表现为乡村传统文化与现代文化、物质文化与精神文化、本土文化与全球文化之间的冲突。这种现代性带来的乡村多元文化碰撞和激荡的状态，对于乡村文化有极大的挤出效应，其结果便是乡村文化价值观的失范、乡村行为文化的脱序和乡村社会秩序的失调，最终造成乡村传统文化的凋敝与衰落。

“全球化”与“现代性”的关系是理解和把握乡村文化自觉缺失问题的时空维度。“全球化似乎已成为人们分析问题的一个最基本的背景和参照系”[1]。有一种观点认为，“全球化”是“现代性”的继续，吉登斯说过，“全球化”只不过是现代性从社会扩大到世界，它是全球规模的现代性，是现代性的延伸[2]。但客观地说，“全球化”毕竟不是文化霸权，由此抗拒全球化是不正确的，因为全球化不可能消融乡村文化的个性和品质，而只是对乡村文化的发展模式提出了更新、更高

[1] 何中华. 关于全球化的文化反思[J]. 山东社会科学，2001(1)：50-53.

[2] 韩克庆，张岳红. 现代性：全球化与中国化——对吉登斯现代性观点的一种社会学解读[J]. 中国海洋大学学报(社会科学版)，2002(1)：84-88.

的要求[1]。我们应利用“全球化”的契机来推进乡村文化的发展，同时也避免“全球化”给中国乡村带来的本土文化失语。其实，在任何条件下，传统文化和现代文化、物质文化和精神文化、本土文化和全球文化都是互为存在、并存共生的。全球文化实质上就是各种本土文化相互融合的结果，这个过程既消解了本土文化，又使本土文化得到了重生。而本土文化不但不会在全球化中丧失自身的存在，反而会成为全球文化的组成部分[2]。可以说，正是由于乡村多元文化的矛盾与冲突，才共同推动着乡村文化的发展和进步。但对于乡村建设主体来说，如果面对“现代性”和“全球化”带来的乡村深层次文化矛盾与冲突缺乏有效的自觉性和辨别力，使文化选择出现较强的盲目性和随意性，甚至出现盲从和错误选择，那么，就势必会造成乡村建设的文化自觉缺失。

4.2.2 城乡二元结构是造成文化自觉缺失的内部根源

在发展中国家由传统农业经济向现代工业经济过渡的历史进程中，必然会出现乡村相对落后而城市不断进步的现代生产生活方式，这种城乡之间不对称的社会存在和组织形式，即所谓“城乡二元结构”。它形成于计划经济时代，造成了城市为一元、乡村为另一元的城乡分隔和差异状态[3]。“城乡二元对立”是中国改革开放以后推行“城乡二元结构”的结果，从而造成了“城乡两极分化”这样一个既定的事实。刘祖云指出，“中国当下这种‘中心-边缘’的二元结构更有着空间和文化心理上的双重性表达”[4]。从本质上看，“城乡二元结

---

[1] 黄捷. 文化自觉发展路径研究[J]. 广西师范学院学报(哲学社会科学版)，2019(2)：52-55.

[2] 于桂芝，傅晓宇. 全球化社会转型中的文化冲突[J]. 南京政治学院学报，2005(3)：44-46.

[3] 刘祖云，胡蓉. 论社会转型与二元社会结构——中国特色的二元社会结构研究之一[J]. 中南民族大学学报(人文社会科学版)，2005(1)：82-88.

[4] 武小龙. 城乡共生式发展：从病态到常态[J]. 学海，2014(6)：30-36.

构"使城乡形成两个不平等的群体，造成了社会公正的缺失，是制约城乡发展一体化的主要障碍，也成为乡村文化问题及其他问题的总根源。

城乡二元结构最根本的特征是以城市偏向的差别化思维来处理城乡事务，其具体表现在以下方面：一是城乡二元结构与"城市中心主义"。乡村文化是城市文化的基础和源头，城乡文化本应协调发展，实现城乡二元结构向城乡一体化结构的转换。但在现实政策、方针、制度建设上却是城乡分离，只顾城市、不顾乡村，城市发展必然以牺牲乡村为代价，乡村文化建设模仿城市文化，城市文化的中心地位使乡村文化越来越边缘化。城乡二元结构的客观存在导致了政府行为的"城市中心主义"，势必造成乡村文化建设的严重滞后，最终会拖了乡村现代化建设的"后腿"。二是城乡二元结构与城乡文化发展失衡。现阶段，城乡文化发展不平衡最突出的依然是公共文化资源配置不均衡，主要表现在城乡文化投资失衡、城乡文化基础设施建设失衡与城乡文化队伍建设失衡，导致乡村文化发展严重滞后，乡村出现了价值真空、精神饥荒和文化贫困，乡村文化越来越疏离于现代文化的潮流、缺乏发展的空间。这从根本上损害了村民利益，也减弱了村民的文化认同，阻碍了乡村社会的发展。三是城乡二元结构与城乡文化交流机制束缚。推进城乡一体化进程的要求，是推进社会全面进步的重要步骤，也是国家乡村振兴战略的基本要求。而乡村各种文化要素单向流入城市，导致城乡文化的互动演化失效和乡村的严重"失血""贫血"。城乡居民在价值观念、思维方式和生活方式上出现"先进"与"落后"的显著差异，主观认知与客观现状共同导致流向城市的文化精英不愿回归乡村。由于城乡之间要素合理流动机制还存在缺陷，使得乡村文化精英的流动呈现为净流出状态，从城市到乡村的人才回归通道被阻断，城乡融合发展便无从谈起，这是造成中国乡村和村民现代性缺失的制度性根源。四是城乡二元结构与乡村人力资源开发不足。推进城乡融合发展，要处理好"走出去"、"留下来"和"引回来"的关系[1]。要建立激励机制，把有志于乡村发展和想为家乡作贡献的各类人才“引回来”，为他们搭建好参与乡村建设的渠道和平台，让他们在乡村有为有位、在振兴乡村中大展身手。但城乡二元结构机制造成当前乡村人力资源短缺，无法促使一些真正有能力、有思想的文化精英扎根于乡村。

几个世纪以来，人们对于城乡关系的认识，正如雷蒙德·威廉斯(Raymond Henry Williams)所说的，要么是“田园怀旧主义”，要么是“城市进步主义”，人们似乎已经习惯了这种尖锐的二元对立。其实，城乡矛盾只是工业化社会中二元矛盾集合体的一个侧面，解决乡村文化矛盾的钥匙不在城乡问题自身，而是人们如何看待和处理种种二元矛盾，如何在这个日新月异的新时代逐步生成新的世界观、价值观和方法论，来指导城乡关系发展。马丁·布伯把近代西方主客二分的世界观归结为“我-他”关系，并强调“我-他”并不是真正的关系[2]，因为“他”(客体)只是“我”(主体)认识和利用的对象，这种关系是科学理性发展的结果，犹如黑格尔论述中的主奴关系。马丁·布伯要世人关注的真正关系是“我-你”关系，这与西方传统哲学中的“我-他”关系是对立的[3]。这种关系体现了“我”对“你”的理解与尊重，体现了“我-你”关系的直接性、平等性、相互性、相遇性，正是这种人类应有的“之间”与“对话”关系才能揭示人生的意义，才能抑制膨胀了的自我，才能正确对待世界[4]。同理，中国城乡二元结构带来城乡文化二元论的诞生，城乡关系变成“我-他”的关系，乡村文化与城市文化是作为对立面而出现的，换言之，乡村文化与城市文化互为“他者”。我们常说，乡村是城市的母体，城市源于乡村[5]。但现今的问题是

---

[1] 韩俊.破除城乡二元结构走城乡融合发展道路[J].理论视野，2018(11)：5-8.

[2] 李妮娜.“顺人而不失己”与共他者之在——《庄子》与马丁·布伯的对话》[J].思想与文化，2016(2)：36-52.

[3] 孙庆斌.勒维纳斯的他者问题研究[D].黑龙江大学，2007：40.

[4] 孙向晨.马丁·布伯的“关系本体论”[J].复旦学报(社会科学版)，1998(4)：91-97+142.

[5] 翟辉.城乡“结婚”谁作“媒”？[J].城市环境设计，2016(4)：160-161.

本末倒置、城强乡弱，城乡关系不平等，以城市的范本来规定乡村，乡村文化在社会转型的大熔炉中丧失了原有地位，并且被贴上"土气""落后""保守"的标签。我们通常以城市文明或工业文明作为"我者"，而乡村基本上被"他者化"了，乡村建设成为城里人对乡村"他者"的"异邦想象"，乡村"我者"的主体地位难以体现，乡村建设的文化自觉就会成为一句空话。因此，面对二元结构带来的城乡文化冲突，要求我们必须进行理性分析和辩证思考，认清冲突的本质，明确冲突的方向，妥善解决二元矛盾。乡村文化发展只有超越城市与乡村、传统与现代、本土与外来、官方与民间的二元对立，超越主体与客体的二元对立，形成二元文化结构优势互补和整合共生的新格局，才能超越旧有的文化范式，才能自觉反映新时代乡村建设的发展需要。

4.2.3 文化认同危机是造成文化自觉缺失的历史根源

文化认同是一种群体文化认同的感觉，是个体受其所在群体或文化的影响而产生的认可或赞同[1]。它所回答的是"我们是谁"的问题。塞缪尔·亨廷顿说过，不同民族的人们常以对他们来说最有意义的事物来回答"我们是谁"，即用"祖先、宗教、语言、历史、价值、习俗和体制来界定自己"，并以某种象征物作为标志来表示自己的文化认同。所谓"文化认同危机"是指"我们身在何处"的不确定，即主体失去了与其所属文化传统的关联，失去了文化的归属感和身份感、自我价值感和自我意义感，不知道"我们是谁"，从而导致心理和行为上的迷失、沮丧、焦虑及不满体验。对于当下乡村建设而言，乡村文化认同危机是指乡村建设主体的文化身份感的丧失，也就是说他们不知道"自己是谁"，以前清楚的，现在模糊了；过去坚信的，现在彷徨了；昨天相信的，现在怀疑了。这就需要我们在乡村历史语境中重新思考

[1] 田然，王叶林. 多元文化背景下的文化认同问题探析[J]. 大庆师范学院学报，2012(5)：21-23.

自身的文化认同问题，这关系到每一个乡村建设主体能否真正做到自我理解、自我定位和自我主张的问题，这也是造成新时代乡村建设的文化自觉缺失问题的重要根源之一。

从当今中国乡村现实视角来看，乡村文化认同危机主要表现在以下几个方面：一是对乡村传统文化认同的淡化。由于乡村多元文化的发展，乡村民众往往感到迷茫，使得他们普遍缺乏文化自觉和文化自信，甚至部分民众滋生了文化信任危机和文化虚无主义。在乡村年轻人身上看到的乡村传统文化影响则更少，他们的时间感和空间感是断裂的，他们只愿意快乐地活在当下或憧憬未来，而不愿意关注或追寻过往的历史。这无疑会造成部分年轻人的文化精神和文化自觉意识淡化，这也从客观上反映了在乡村文化的历史发展中，乡村文化的自身影响力和传承力不足。二是对主流意识形态认同的弱化。随着乡村信仰的多元化，民众缺乏明确的意识形态导向，导致马克思主义这一主流意识形态认同的弱化。三是对传统价值观的怀疑。乡村社会的现代化转型引起了乡村经济结构、分配方式、利益主体以及民众生活方式的巨大变化，其中乡村民众价值观的变化是最为深刻和复杂的。马克思指出："一句话，人们的意识随着人们的生活条件、社会关系、社会存在的改变而改变。"[1]其中，自我的利益观、畸形的消费观、随性的婚姻观、多变的择业观等新的价值观在乡村民众的日常生活中冲击着传统价值观。

在乡村的现代化进程中，这种乡村文化认同危机是由于外来文化的过度"强势"和自身文化相对"弱势"而引起的。在"强势"和"弱势"的文化碰撞中，身处"弱势"文化的民众主体丧失自我身份，产生对自身认同的焦虑与希冀并存的矛盾心理，从而丧失自己的文化归宿和价值判断，造成自身的文化身份"断裂"和文化认同危机，并呈现出文化自觉缺失的状态。乡村建设主体的"理性不足"是乡村文化认同危机得以发生的另一个重要原因。在文化自觉的理性思维之下，我们能做到对自身文化历史的"自知之明"，并通过文化自省，从中察觉到自身

[1] 杨奎. 关于社会主义核心价值观认知的几点思考[J]. 理论视野，2012(9)：23-27.

文化的优劣长短，从而努力把握住自身文化的未来走向。反之，如果我们缺乏对自身文化的理性把握，我们对自身文化的否定性就会增强，进而引发过度贬损“自我”而无限夸大“他者”的认同危机[1]。可以说，乡村建设的文化自觉的实现程度，主要取决于乡村建设主体的理性发展水平，以及能否以文化认同的内在宽容性化解对抗性。而人的理性发展水平又是与乡村建设的发展水平相联系的，如何让乡村文化更好地融入乡村建设的历史进程之中，这就需要乡村民众在文化自觉层面具有理性的追求，形成清晰的文化认同意识。

非裔英国人斯图亚特·霍尔的文化认同理论对当下中国乡村文化认同危机的分析与应对具有现实指导意义。其中，“文化身份与文化认同”“表征与反表征”“新族性”是霍尔文化认同理论中的三个关键点[2]。“文化身份和文化认同”是在对不同身份的同一性追求，“文化表征与反表征”反映了文化霸权与反霸权的特质，“新族性”是重新建立起新的文化认同。三者是相互支持、相互论证的统一过程。在此语境下，中国乡村文化面临西方外来文化冲击，只有通过乡村民众的“反表征”才能表达其文化身份诉求，实现其在文化认同中的主体性。乡村民众的“反表征”有两种结果：一种是没有跳出西方外来文化主导的支配性表征框架，重新将自身的“低下”“落后”表现出来；另一种是跳出了西方外来文化的支配性表征的框架，对西方外来文化针对自身文化的贬低提出了质疑、批判与反思。后者建构起真正的乡村自我文化的主体性身份，保留了自身的文化个性，使乡村文化在“自我与他者”的关系比较中得到应有的尊重和认同。这种具有文化责任感的自我表征就是针对西方外来文化支配性表征的反表征策略，是对西方外来文化对自身错误表征霸权的反霸权抵抗。霍尔的文化认同理论正是通过对“表征与反表征”的探索，使“文化身份和文化认同”问题有了

---

[1] 顾建红. 文化自觉得以实现的哲学思维方法论路径探析[J]. 求实，2013(11)：36-40.

[2] 周金凤. 斯图亚特·霍尔文化认同理论的内在逻辑[J]. 哈尔滨学院学报，2018(6)：6-9.

新的转向，从而实现了“新族性”的文化认同[1]。

乡村文化历史进程中的主客体张力关系，唤起了乡村民众文化自觉意识的觉醒，由此逐渐地生成了乡村历史语境下的文化认同。实际上，乡村文化认同不仅是强化乡村自我文化个性，通过外来文化他者确立“自性”的过程，而且还是一个需获得外来文化他者的承认和接纳，进而最终肯定自我、回归自我螺旋式展开的过程[2]。更为重要的是，这个进程内在地蕴涵着新时代乡村建设主体对乡村文化历史发展的理想价值图式。

[1] 斯图亚特·霍尔. 文化与认同：跨文化的反思[M]. 周韵译，北京：中华书局，2008.
[2] 余晓慧，张禹东. 文化认同的世界历史语境[J]. 东南学术，2011(2)：134-140.

5

乡村建设的文化自觉“何以实现”的实践路径

时代是思想之母，实践是理论之源[1]。在新时代背景之下，乡村建设的文化自觉之路是一项利益关系复杂、问题涵盖面广的系统性文化建设工程。通过对上文乡村建设的文化自觉缺失及其根源剖析，我们看到了乡村建设的文化自觉之路所要面临的挑战：挑战之一是在西方文化冲击下，如何重建乡村文化价值；挑战之二是在外来文化冲击下，如何激发乡村建设主体的内生动力；挑战之三是在现代文化冲击下，如何传承创新乡村传统文化；挑战之四是在全球文化冲击下，如何推动乡村本土文化实践；挑战之五是在多元文化冲突下，如何实现乡村文化和谐共生。面对这些问题与挑战，乡村不同文化之间是走交流互鉴之路，还是走文化冲突之路，抑或是走文化同化或文化保守之路，是新时代乡村建设发展面临的重大抉择[2]，也为我们提出了重大的时代性理论课题。

---

[1] 海声.时代是思想之母 实践是理论之源[N].人民日报(海外版)，2018-09-01：(01).

[2] 王宗礼.论全球化背景下文明交流互鉴与人类命运共同体[J].西北民族大学学报(哲学社会科学版)，2019(6)：41-47.

历史和实践证明，“文化自觉”的提出正是为了应对全球化背景下多元文化冲突带来的问题与挑战，乡村建设的文化自觉是化解乡村多元文化冲突与挑战的精神基础。本章将从文化自觉的价值自觉、主体自觉、发展自觉、实践自觉、生态自觉五个自觉维度，探究新时代中国乡村建设的文化自觉实现路径。研究旨在实现乡村文化价值重建、乡村建设主体内生动力增强、乡村文化的传承与创新、乡村本土文化场景提升和乡村多元文化和谐共生的乡村建设目标。

5.1　乡村文化价值重建的价值自觉

乡村建设既要物质文化筑基，又要精神文化铸魂。乡村精神文化之所以是乡村的灵魂，根本在于它的核心部分——价值观念系统，它统领社会成员的精神凝聚、心理认同、价值取向、道德准则、行为规范、思维方式、审美情趣等，是乡村文化的核心，更是乡村民众的精神家园。在实施乡村建设中，应从精神信仰认知高度，重视乡村建设的文化价值诉求，以价值自觉提升乡村文化建设的广度和深度，发挥乡村精神文化建设的传播力，这也是激发乡村文化价值认同、促进乡村文化价值重建的催化剂。

5.1.1　社会主义核心价值观引领乡村文化价值重建

任何社会都有自己的价值体系，核心价值体系是社会上占主导地位的价值观念的总和，是社会成员用以调整社会生活和行为的一系列价值规范和准则的总和。党的十九大报告把坚持社会主义核心价值体系作为坚持和发展中国特色社会主义的基本方略之一[1]，为新时代中国乡村文化建设提供了价值引导、力量凝聚与规范指引。社会主义核心价值观体系包括了马克思主义指导思想、中国特色社会主义共同理想、以爱国主义为核心的民族精神和以改革创新为核心的时代精

[1]　张志丹.坚持社会主义核心价值体系基本方略的主要依据[J].社会主义核心价值观研究，2019(3)：15-23.

神、以“八荣八耻”为主要内容的社会主义荣辱观等四个方面[1]，代表着中国先进文化的前进方向。乡村文化价值重建要坚持社会主义核心价值观的正确引领，结合乡村实际，实现社会主义核心价值体系与传统乡村文化价值的融合，重建符合新时代文化精神的乡村文化价值。

在市场经济的洗礼下，当代中国乡村文化发展呈现出非主流意识文化快速蔓延的趋势，如何才能有效发挥社会主义核心价值观在乡村文化价值重建中的引领作用？第一，坚持马克思主义指导思想和乡村文化价值的有机融合。马克思主义蕴涵着丰富的文化思想，为乡村文化建设提供了科学的认识论基础，为乡村建设主体提供了正确的价值观、人生观和世界观。只有坚持马克思主义思想指导，乡村建设主体才能提升在特定时代背景和历史条件下的文化自觉意识，乡村文化价值才能朝着更加民主、和谐、健康的方向发展。只有坚持用马克思主义掌握意识形态领域的主导权和话语权，才能既避免出现漠视乡村历史传统的“文化虚无主义”，又避免出现无视时代要求的“文化复古主义”[2]，实现科学真理、正确价值观与传统文化人文精神的有机统一。第二，把践行社会主义核心价值观放在乡村文化价值重建的首要位置。抓好优秀传统文化的落地生根是乡村文化价值重建的重要内容，践行社会主义核心价值观就是要运用人类社会所创造的一切优秀文化成果熏陶、教化人，实现敦风化俗、以文化人。在广大乡村倡导践行“富强、民主、文明、和谐；自由、平等、公正、法治；爱国、敬业、诚信、友善”的社会主义核心价值观，对于促进村民转变思想观念、提升思想境界、发现生存价值、追求生命意义，进而弘扬乡村文化精神、实现乡村文化振兴，具有全局性、战略性和基础性的重大意义。第三，提升村民践行社会主义核心价值观的自觉性。村民是践行

[1] 王若宇. 论社会主义核心价值体系的逻辑结构[J]. 西南农业大学学报(社会科学版)，2012(4)：70-73.

[2] 庞立生. 意识形态建设的实践论视野及其文化自觉[J]. 东北师大学报(哲学社会科学版)，2019(2)：40-46.

社会主义核心价值观的主体，通过社会主义核心价值观的培育，使其内化为村民价值观的有机组成部分，并能与村民的日常生活相融合，让村民在日常生活中感知、领悟社会主义核心价值观。这有利于村民将主流文化内化于心、外化于行，激发村民的“主体性”文化自觉，进而树立文化自信和自豪，促使村民主体由“自在存在”转变为“自觉存在”，对社会主义核心价值观由“自在认同”走向“自觉认同”。第四，推动践行社会主义核心价值观与传承乡村优秀传统文化相结合。乡村优秀传统文化是我们开展乡村文化建设的“母体”。乡村文化建设需要深入挖掘社会主义核心价值观与乡土文化的渊源，讲好社会主义核心价值观“前世今生”的故事，将其潜移默化地渗透到乡村的“小传统”(乡村民众代表的生活文化)中去，内化为“小传统”的核心内容，让其成为滋养村民精神生活的甘泉，成为引导村民积极向善、创造美好幸福生活的价值标杆，使得社会主义核心价值观真实立体地贴近生活、贴近实际、贴近群众，丰富乡村民众的精神风貌，从而起到引领乡村文化发展的作用[1]。

总之，社会主义核心价值观是引领乡村文化价值重建的奠基石和指路明灯，我们要充分发挥其巨大的向心力、凝聚力和感召力的作用，增强和提高乡村文化的认同感、归属感和自豪感，构建崇德向善、见贤思齐的乡村文化精神共同体[2]，不断夯实乡村文化建设的软实力。

5.1.2　民间信仰复兴下的乡村精神家园重建

民间信仰是具有自发性的一种情感寄托、崇拜以及伴随着精神信仰而发生的行为和行动[3]。当代乡村社会的现代转型带来新的文化

[1]　李凤兰.社会主义核心价值观引领乡村文化振兴——基于日常生活理论视角[J].贵州社会科学，2018(1)：11-17.

[2]　白启鹏.中国共产党乡村治理现代化的基本经验——基于改革开放40年乡村发展的思考[J].北华大学学报(社会科学版)，2019(3)：116-122.

[3]　彭克宏，马国泉.社会科学大词典[M].北京：中国国际广播出版社，1989：352.

生态演替，也带来乡村文化转型过程中的当代民间信仰复兴。它将传统的神圣仪式和当代乡村日常文化生活相结合，使传统信仰活动既有历史文化底蕴又包含着当代乡村社会价值取向和审美需求。它不是乡村文化转型过程中社会风险累积和个体多元化需求增长所致，也不是一种历史文化遗存和旧传统、旧观念的回光返照现象，而是与中国乡村上层建筑和象征体系的构造形成互补关系，是新时代重建乡村精神家园的客观需要。所谓“乡村精神家园”，主要是指在长期的乡村文化实践中形成的，并由被主体所普遍认同的理想信念、社会凝聚力、乡风文明、乡愁情结等要素构成的意义世界和理想境界[1]。如今，民间信仰复兴下的乡村精神家园重建的目标指向即重建乡村文化价值体系，让祖辈们留下的传统文化精髓在当代村民的血脉中继续流淌，帮助村民破解“价值相对主义”和“道德虚无主义”的难题。其路径指向为：

第一，以民间信仰复兴促进乡村社会整合。观照当代乡村文化变迁，传统乡村社会理想型人文系统不断被解构与重建，唯有乡村的正面的民间信仰是维系乡村社会关系整体性、持久性与恒定性的原动力，是保持乡村文化生态新平衡的内源性基因。它仿佛是一粒不灭的种子，适合乡村的土壤，在不断演替的乡村文明的浇灌下，总是以新的形式重新生长，并成为链接“旧文明”、再造“新文明”的基础[2]。但事物都有两面性，乡村的民间信仰也不例外，其既有祈福避灾、缓解精神压力、慰藉心灵等正能量，也有脱离现实、封建迷信、铺张浪费等负功能。新时代的民间信仰复兴就是要发挥其积极因素，消除其不良影响。从乡村文化建设角度来看，一是要发挥民间信仰的社会治理功能。民间信仰以其“神圣性”促生乡村社会整合内聚，使不同阶层形成共同的价值观，有利于增进社会稳定。二是要发挥民间信仰的经

[1] 曹萍，李艳，王彬彬. 乡村振兴视阈下乡村精神家园构建研究[J]. 内蒙古社会科学(汉文版)，2019：40(06)：195.

[2] 张祝平. 论乡村振兴中的民间信仰文化自觉——中国菇民区核心地带村落40年变迁考察[J]. 学术界；2019(1)：52-61.

济功能。民间信仰本质上是一种传统文化现象，具有极大的旅游开发价值，民间信仰作为联结乡村与世界的精神纽带，对吸引境内外投资具有良好的促进作用。三是要发挥民间信仰的文化功能。民间信仰既是传统文化的传承又是主流文化的扩展，其主旨仍然是教化百姓和谐向善。民间信仰既是私人的又是公共的，既是功利的又是理想的。比如，祠堂是凝聚乡村力量、使村落文明得以延续发展的重要公共场所，是民间信仰的外在重要表现形式之一。我们要充分发挥“祠堂+文化”功能，将祠堂打造成基层善治阵地、文化集散阵地、新时代先进文化传播阵地，实现文化聚民、文化悦民和文化惠民。

第二，以民间信仰复兴留住乡愁。乡愁不仅是时空的距离，更是对乡村传统文化的守望。乡愁既包括赖以存在的自然山水、古老村落、宫观寺庙、家族宗祠、浮雕石刻、文物古迹等物质载体，也包括在乡村生产生活中创造出来并与当地环境相适应的事物和现象，更包括离不开、割不断的血脉和精神寄托，它们都铭刻着乡村的迁徙历史和共同记忆[1]。很多人回到乡村，就是为了寻根、祭祖，寻找乡景、乡风、乡音、乡情的乡土味道，找到那种似曾相识、久违重逢的感觉，从而一解乡愁。因此，乡愁非愁，而是文化与生命、生存、生活“三生”相系。乡村民间信仰的当代演化和传承复兴可以激发乡愁情结，吸引并留住新乡贤等文化精英和返乡青年，增强乡村文化认同和乡村内聚力，有利于具有对外交流能力的乡村文化体系建构和乡村人才回流与吸纳机制的生成。为此，在新时代背景下，我们既要切实传承好乡村传统民间信仰，也要合理适度利用好乡愁情结，发挥其联结血缘、亲缘、族缘、地缘的脐带作用。

第三，以民间信仰复兴营造乡风文明。乡风是村民的信仰、操守、风俗、礼仪等行为规范和行为方式的总和，反映了村民的时代精神风貌。淳朴的乡风，是培育涵养高素质村民的沃土；厚重的乡风，是乡村建设的软实力。乡风文明作为乡村建设的精神文明议题，包含

[1] 刘志刚. 乡村振兴战略背景下重建乡村文明的意义、困境与路径[J]. 福建论坛（人文社会科学版），2019（4）：15-20.

乡风习俗、乡村治安和乡村文化等诸多方面，体现出村民的思想观念与素质修养的理想程度。营造乡风文明，一是要厚养淳朴民风。要传承弘扬优良的家族文化、礼仪文化，积极开展文化惠民活动，弘扬时代新风，推进移风易俗，破除陈规陋习和不良之风等，重塑乡村文化的现实价值。二是制定村规民约。传统村规民约倡导“孝父母、敬师长、睦宗族、和乡邻、尚节俭”等，从“孝”扩展到“忠”、从“家”扩展到“国”，是相对完整的文化谱系，也是乡村文化价值认同的前提和基础。三是积极培育乡贤文化。乡贤文化是以乡愁为基因、乡情为纽带、乡贤为典范，以发挥道德引领、提升乡风民俗、传播诗书礼义、修复乡村记忆、实现教化乡里为目标，是促进乡村治理和社会稳定、吸引文化精英返乡发展的重要精神力量，对乡村建设发展有着不可替代的促进作用。四是涵育良好家风。家风是乡风文明的根基，是家庭文明建设的宝贵精神财富。家和万事兴，家风好则家道兴盛、家庭和睦、乡风和顺、社会祥和；家风差则子孙遭殃、贻害社会[1]。加强乡村家风建设，是构建乡村精神家园的基础，是支撑乡村发展生生不息、薪火相传的重要精神力量，也是乡村民间信仰复兴的重要内容。

5.1.3 乡村文化价值重建的路径

在乡村多元文化的夹击下，乡村民众承受着多元文化价值冲突带来的不确定性和不安全感，失去了对乡村文化价值的判断和自觉。乡村建设的文化自觉是重建乡村文化价值的前提和基础，以文化自觉推动乡村文化价值的重建，将对乡村民众的价值判断和价值取向具有引导和塑造的作用，其重建路径主要体现在以下五个方面：

第一，重建乡村文化认同价值。认同感是乡村文化的价值基础。当前乡村文化价值式微的根本原因是乡村文化价值的认同危机。乡村文化只有被乡村民众普遍认同，乡村文化行为方能有效发挥，才能重塑与邻为善、以邻为伴、守望相助的乡村氛围。可以说，乡村文化价

[1] 陈秀榕. 新时代家庭教育迎来新机遇和新发展[J]. 中华家教，2018(Z1)：1.

值认同的构建，是乡村民众普遍认同和自觉接纳乡村文化价值观的一个过程。而乡村文化价值重建的过程就是对乡村文化"具有涵养身心的生命价值、接近自然田园的生活价值、支持绿色发展的生产价值、升华乡愁德性的人文价值、优化人格心态的教化价值、促进公序良俗的社会价值以及维护自然和谐的生态价值"的再认同[1]。同时，乡村文化价值认同的提升与传承，乡村文化价值的复兴与重建，有赖于乡村文化自觉的增强。乡村文化自觉是乡村主流文化的内化、理想、信念及行为规范，它对于乡村文化价值具有积极的引导作用，有利于引领乡村先进文化方向和抵御外来文化错误思潮影响，有利于乡村文化认同体系的建设和化解乡村文化认同的危机，有利于巩固乡村民众的文化价值观和推进多样化的乡村文化融合发展。

第二，树立乡村主流文化价值。主流文化是国家倡导的意识形态文化，其既是乡村精神信仰的基本内核，也是乡村文化价值重建的精神内核。在当前乡村文化价值观多元化的背景下，我们要保证主流文化对乡村文化的价值统领，要承担起主流价值建构与文化整合的功能，遵循"顶天立地"的建构原则。所谓"顶天"，要求主流文化为乡村民众树立中国特色社会主义的共同理想，坚持文化的理想性，以社会主义核心价值观来引导乡村文化的发展。所谓"立地"，要求主流文化能立足新时代乡村建设实践，满足多元化的文化需求，坚持文化的现实性与群众性，凝聚民众的精气神，从实际出发去满足乡村民众多层次的文化需要。当代乡村主流文化"顶天立地"的价值理想，要求在理想性与现实性的张力中保持平衡，创建一种既能弘扬主旋律又能提倡多样化、既不能极端"神圣化"又不能过分"世俗化"[2]、既倡导社会主义理想信念又注重市场经济的现实品格的复调文化格局。

第三，提升乡村文化自信价值。乡村文化自信是一种内在的、强

---

[1] 王忠武. 乡村文明的价值结构与新时代重构——实现乡村振兴的文明复兴之路探讨[J]. 山东社会科学，2018(5)：43-48.

[2] 漆思. 文化自觉的价值诉求与价值建构[J]. 吉林大学社会科学学报，2012，52(01)：10-13.

大的精神力量。乡村民众只有拥有了文化自信，才能克服文化自卑，才能拥有对乡村文化的认同感和荣誉感，才能自觉地重建乡村文化价值。可以说，没有文化自信的确立，乡村就如同患了软骨症的病人，即使外部扶持的力量再强大，也走不远。因此，重建乡村文化价值，必须深刻认识文化自信的时代价值：一是要提升对自身传统文化的自信。乡村文化延绵着世代相传的集体记忆，蕴含着生生不息的文化基因，传承着生存发展的价值意识。自信地弘扬乡村优秀传统文化价值，是新时代重建乡村文化价值的前提和基础。二是要提升对外来文化的自信。乡村文化不是封闭的产物，而是对外开放、交流融合的结果，在面临乡村多元文化的冲突与碰撞中，应广泛借鉴、大胆汲取优秀外来文化成果，深刻剖析其时代意义和价值，这是推动乡村文化价值重构的必然要求。三是要提升对主流价值观的自信。习近平强调，“要增强文化自信和价值观自信”，这是从哲学高度深刻阐明了文化自信与价值观自信之间的辩证关系。主流价值观是衡量是非、对错、善恶等价值观的标准，对乡村民众的思想和行为有引导和规范作用。文化自信是主流价值观自信的前提，并能够为主流价值观自信提供文化载体和思想元素。四是要提升对不同层面价值观的自信。“在社会文化中，不同层面的价值观念负责不同领域的价值解释，不同层次的价值观念相互支持、彼此呼应，共同形成一个有序的组合，即价值体系。”[1]乡村文化价值体系亦是一个多方面、多层次的有机整体，一方面，我们不能用某一领域的价值观去衡量其他领域的事物；另一方面，当不同层次的价值观相互冲突时，我们必须在全局层面对相关的重要性和优先性作出价值排序。

第四，守护乡村生态文化价值。生态宜居是乡村建设的总要求，守护好乡村生态文化方能实现生态宜居的目标。从乡村文化生态价值维度看，有限的乡村大地，需要生态文化化解人类社会的高风险。由此，守护乡村生态文化价值，必须以有机整体主义理念为逻辑基础，

[1] 陈少雷. 文化转型与价值建构：问题、视角与路径[J]. 北京联合大学学报(人文社会科学版)，2019(7)：37-44.

以生态环境保护为逻辑价值取向，以坚持人与自然和谐发展、建设美丽乡村为逻辑指归[1]。而乡村生态文化自觉作为乡村建设主体对乡村生态危机现状的自觉领会与主动把握，其理论与实践自觉为乡村生态文化建设奠定了价值论和方法论基础。其中，生态文化理论自觉的核心和关键是强调形成一种关系性自我观，将人与自然从分立的“二元结构”转化为和谐统一的“一元结构”，确立以互利互惠的方式来处理两者关系。生态文化实践自觉的原则和方法论指引我们：一是树立绿色发展观。牢固树立“绿水青山就是金山银山”的理念[2]，守护农耕文化的精髓，坚持保护式开发原则，加强村民的生态保护意识，坚持社会效益与生态效益的有机结合，将生态文化价值理念融入乡村建设的各个层面。二是强调生态文明的整体观。人类最大的能动性就是如何从根本上协调好人与自然的关系，尊重自然界作为一个整体的不可分割性[3]。乡村生态文化价值促使我们懂得了一个道理：只有从整体上协调好人与乡村生态环境的相互关系，乡村才能山清水绿、天蓝地洁，乡村社会才会生存在和谐优美的环境中。三是培育村民生态道德观。引导村民弄清自然万物都有受人类尊重的权利，人类应珍惜善待自然界中一切有价值的生命，有责任尊重其他物种存在的资格和权利。村民应视自然为生命共同体，对亲近、尊重、保护自然有强烈的道德责任感。四是培育村民绿色生活方式。提倡村民健康、适度、绿色的消费观念，提升村民生态道德素质，养成低碳出行、垃圾分类投放等良好生活习惯，体现出追求“节约优先、保护优先、自然恢复为主”的生态文化实践要求。

第五，开发乡村文化产业价值。习近平指出，“把农村丰富的生态资源转化为农民致富的绿色产业，把生态环境优势转化为生态农业、生态工业、生态旅游等生态经济的优势，那么绿水青山也就变成

[1] 王越芬，孙健. 建设美丽中国视域下生态文化自觉的生成逻辑[J]. 学习与探索，2018(4)：24-29.

[2] 中共中央宣传部编. 习近平总书记系列重要讲话读本[M]. 北京：人民出版社，2014.

[3] 石中元. 走向和美的生态价值观——《生态文化与文明前景》的启示[N]. 道客巴巴，2015-11-07.

了金山银山”[1]。国家乡村振兴战略也提到要发展乡村文化产业，它是乡村文化建设的重要组成部分。乡村文化产业具有无污染、低能耗、高附加值、可持续发展的特点。开发乡村文化产业的目的是增进乡村经济增长方式、挖掘乡村文化经济价值、调整乡村产业结构和增加乡村民众收入，助力乡村经济增长和社会进步，为乡村文化价值重建提供物质保障。文化自觉背景下乡村文化产业价值开发要重点做好几个方面工作：一是坚持政府主导，自觉发挥政府职能部门作用。要在乡村文化传承保护与可持续发展的基础之上，充分挖掘乡村文化所具有的经济开发价值，创新发展乡村文化，大力实施文化设施工程；要完善乡村文化产业发展的相关政策，为其提供多元广泛的支持，在挖掘乡村文化遗产和资源的过程中要采用多种发展模式和路径；要加大对乡村文化产业的资金投入，全面落实乡村文化设施运行管理经费，并通过积极向上申报项目，争取国家层面在政策、项目、资金等方面的支持；要搭建好各类融资平台，实现乡村文化产业和城市文化产业融合发展，鼓励各类文化投资基金注入乡村文化建设。二是在发展乡村文化产业的过程中，自觉坚持文化导向。一方面，要充分发挥文化与产业相融合产生的叠加效应，通过保护传统村落文化、维护村寨原有的独特风貌、发挥乡村生态文化价值优势、增强乡村对城市的吸引力，因地制宜地推动乡村文化旅游产业的发展。要大力发展乡村休闲游、生态游、文化游、养生游等健康环保的乡村旅游项目，实现乡村旅游产业的生态化、乡村生态文化的产业化，从而实现乡村文化产业和生态保护的良性循环发展。另一方面，文化是产业的灵魂，产业是文化的载体，只有大力发展乡村文化产业，才能更好地促进乡村文化的经济转化。要抛弃传统粗放和单一的产业发展模式，深入挖掘乡村地域特色文化资源，形成“一村一品、一镇一业”的乡村文化产业格局；要注重将文化创意、文化资源与文化产业相结合，推动富有地方文化特色的文化创意产品开发，打造特色文化品牌，建立完整的乡村文化产业链，促进一二三产深度融合。三是自觉推进乡村文化产业

[1] 杨美勤，唐鸣. 习近平“两山”论的四重逻辑[J]. 科学社会主义，2019(6)：87-92.

生态化。开发与经营主体要树立"绿色发展、生态优先"的发展理念。要以生态为基础、文化为灵魂、经济为动力[1]，平衡好开发和保护的关系，注重适度开发和生态保护，在把文化和生态资源转化并嵌入乡村文化产业的产业链和价值链的同时，综合考虑乡村生态环境的承载能力和自然资源的利用能力，实现其绿色化发展，提升生态价值。要努力追求生态、文化、经济协调发展的乡村文化产业发展道路，以人与自然和谐发展为指导思想，在确保取得经济效益的同时，又望得见山、看得见水、记得住乡愁，实现经济效益、社会效益和生态效益的统一。

[1] 李宇佳，刘笑冰，江晶，魏东雄. 乡村振兴背景下乡村文化产业发展展望[J]. 农业展望，2018，14(7)：56-60+65.

5.2 乡村建设动力重构的主体自觉

关于主体自觉问题的研究，就是希望通过主体性和主体间性的文化自觉研究，培育乡村建设的主体自觉，阐释多元主体在乡村建设中的主体地位和重要作用。一方面是基于主体性的文化自觉的研究。强调主体的自主性和能动性，这会在应对外来文化入侵、追求文化平等的历史过程中起到积极作用。另一方面是基于主体间性的文化自觉研究。强调处于关系中的其他文化主体同样是主体而非客体，彼此应视为平等和自由的主体，不是控制和征服的关系，而是共生共荣的关系[1]。这为乡村建设主体理解和处理多元主体关系，长期保持文化自觉，积极构建多元主体合作共治型的乡村建设机制提供了理论指导和经验借鉴。

5.2.1 以主体性的文化自觉激发村民内生动力

主体性(subjectivity)是一个哲学概念，是人在实践过程中表现出来的主动与能动、自主与自由、能力与地位，使客体为主体服务的特性。主体性的内涵一方面是指主体是“我们性”而不是“他们性”，这种“我们性”即我们(主体)对自身文化及其发展道路的选择所具有的自觉性、自主性、自为性、自决性、自由性的主体地位，亦即文化自主

[1] 胡兆义.从主体性到主体间性：论我国和谐民族关系的巩固和发展[J].新疆大学学报(哲学·人文社会科学版)，2019，47(3)：59-64.

权；另一方面还意味着我们对自己所选择、所创造、所认同的文化在文化发展和交流中居于主导性的主体地位。费孝通说过，文化自觉“是为了加强对文化发展的自主能力，取得决定适应新环境时文化选择的自主地位”“目的就是争取文化发展的自决权和自主权”[1]。在他的阐释中，文化选择的“自主能力”“自主地位”“自决权”“自主权”就是指基于主体性的文化自觉。

由此可见，在乡村建设中，主体性的文化自觉内涵一方面是指乡村建设主体为了加强对乡村文化发展的自主能力，取得新时代乡村文化选择的自主地位，应该去争取乡村文化发展的自决权和自主权，从而明确自身文化的发展方向；另一方面还表现为乡村建设主体对自身所认同的乡村文化在当代乡村多元文化发展中居于主体地位。当前，新时代中国乡村建设面临乡村文化主体失语、乡村文化自主性不足等文化主体自觉性缺失的状况。那么，如何才能唤醒乡村建设主体的主体意识？如何才能以文化自觉来激发主体的内生动力？

5.2.1.1　发挥村民的乡村建设主体作用

中央一号文件明确把“坚持农民主体地位”作为乡村振兴一切工作的出发点、落脚点和支撑点[2]。这也是坚持“以人民为中心”的根本政治立场的体现。可以看出，村民是乡村建设的主体。村民既是乡村建设的承载者，也是乡村建设的受益者，还是乡村建设效果的衡量者。村民是在乡村建设中起到关键作用的“内因”，理应唱“主角”，要发挥主体性作用。而政府等其他参与者则是重要的“外因”，应该发挥强有力的促进作用。现实情况是，一些地方政府犯了逻辑错误，非常重视外来主体的作用，忽视了村民的主体性作用。如果缺乏村民的配合与合作，单纯依靠政府等外部力量的强力干预和巨大投入，是很难真正实现乡村建设的既定目标。

---

[1]　费宗惠，张荣华. 费孝通论文化自觉[M]. 呼和浩特：内蒙古人民出版社，2009.

[2]　许伟. 新时代乡村振兴战略实施中“坚持农民主体地位”探研[J]. 湖北大学学报(哲学社会科学版)，2019(6)：146-153.

因此，在新时代乡村建设中，一是要充分尊重村民的主体地位。村民主体地位是村民在乡村建设中发挥主体作用和首创精神的前提。尊重和维护村民的主体地位，即乡村建设以村民为主力、乡村发展以村民为目的、乡村文明成果以村民为对象、乡村文明特征以村民为依据、乡村文明措施以村民为依托、乡村文明评价以村民为主人[1]，把村民对美好生活的向往作为乡村建设的方向和目标。二是要充分尊重村民首创精神。乡村因资源禀赋、区域位置、治理水平等不同而存在较大差异，政府没有那么多的财力和人力去包办，只有充分相信村民、依靠村民，调动村民大胆实践、大胆创新，切实维护村民的意愿和创造，并及时将村民的智慧经验先行先试再总结推广，才能不断为解决社会问题进行路径探索和顶层设计，推动乡村社会的改革和发展，形成乡村建设的原动力。三是要充分尊重村民参与乡村建设的各项权利。包括要尊重村民在经济活动中的主导地位，基层政府在现代农业项目规划选择和推进中，要赋予村民自主处理经济活动的权利，让村民成为乡村经济发展的获益者，而不是把乡村变成企业家的投资地和富裕阶层的后花园；要尊重村民在乡村治理中的主体地位，“村民自治”是村民直接参与乡村治理的重要平台，也是乡村振兴的内生动力，要按照自我管理、自我教育、自我服务的基本要求，充分重视和保障村民的话语权和民主权利；要尊重村民在乡村文化建设中的自主选择地位，调动起村民参与乡村文化建设的积极性、主动性和创造性，才能真正推动乡村文化大发展大繁荣。四是要完善保障村民主体地位的制度建设。要完善相关动员机制，给予村民更多的乡村建设参与权、话语权、表达权，促进村民积极投身乡村建设事业；要建立返乡就业创业的激励机制，让返乡人员想回来、留得住、干得好，激发其他“不在场”乡贤回归乡村；要健全村民议事规则，充分保障村民知情权、参与权、监督权；要完善网格管理责任分担制度，大力推行“路长制”“街长制”“站长制”“所长制”等[2]；要完善乡村人居环境整治

[1] 夏淼. 当代中国乡村文明建设研究[D]. 兰州：兰州大学，2011：158.

[2] 张新宇. 举措3：激发村民参与内生动力[N]. 天津日报，2020-01-01.

项目公示制度，聘请村民做勘察员、监测员等。

5.2.1.2 激发乡村建设主体活力

乡村建设既需要强化村民的参与意愿，又需要提高村民的参与能力。而在村民既缺乏对乡村建设的深入认识和理解、也缺乏参与乡村建设的能力和智慧的背景下，各级政府需要采取哪些方式来激发乡村建设主体活力？一是要增强村民的自主性。要引导村民摆脱懒散作风，增强自我发展能力，坚决消除“等靠要”思想，挺直腰杆说真话、讲诚信，把心思和行动都用在如何勤劳致富上；基层政府需要多倾听来自村民的声音，拓宽村民群体思政参与途径，革除那些徒具“工具意义”的僵化制度[1]，才能在乡村建设中赋予村民更多的“话语权”；要发挥村民的主观能动作用，尊重村民的自主选择，通过村民自主参与，凸显主人地位，使乡村建设成为村民建设自身美好家园的过程。二是要满足村民的现实利益。要激发村民的“内生动力”，关键是要解决好村民最关心、最现实的利益问题，从村民最迫切、最希望见效的物质利益抓起，不断让村民得到实实在在的利益；要促使村民由“要我致富”变为“我要致富”，由“自在”状态向“自觉”状态转变，让村民参与乡村建设的内因通过外因的促进而发生根本性变化，让村民投入乡村建设的积极性迸发出强大的活力、潜力和无穷的生命力。三是要提高村民的文化素质。新时代乡村建设需要具备现代文明素质的村民来创造，新的文明素质包括文化素质、技术能力、思想道德水平和行为规范等多个方面，它能使主体从精神层面和情感认知上获得文化认同。村民文化素质状况直接决定乡村建设的文明程度，乡村建设的过程也是培养高素质村民的过程，村民素质提高的过程也是走向乡村文明的过程。提高村民的素质就是要通过多种途径去培育村民掌握现代文明的生产生活方式和社会交往方式。譬如要最大限度优化乡村公共文化资源的配置，帮助村民改善基本的文化生活环境；通过举办丰富

---

[1] 戚晓明. 乡村振兴背景下乡村文化再造与文化自觉[J]. 艺术百家，2018，34(5)：94-98+116.

多彩的文化活动，充实和活跃村民业余文化生活，满足广大村民日益增长的精神文化需求，丰富村民的精神世界等。四是要坚持扶贫、扶志、扶智同向发力。一方面，要培养一支懂农业、爱农村、爱农民的新时代“三农”工作队伍[1]。充分发挥农村基层党支部的战斗堡垒作用、党员先锋模范作用，团结带动广大村民树立“幸福不会从天降，好日子是干出来的”志气志向，强化守土有责意识，靠自己的辛勤劳动创造美好生活；另一方面，要推动“输血”向“造血”转变，建设一支“能创业、用得上、会干事”的乡村文化人才队伍。建立各类专门培训机构，开展教育培训、实用技术技能培训、文化讲习所等，加强村民知识辅导和从业培训，将培育有文化、懂技术、会经营的新型文化村民作为重点，提高广大村民实现乡村振兴的能力和信心。

5.2.2 以主体间性的文化自觉协同推进乡村建设

主体间性(intersubjectivity)是20世纪西方哲学中凸显的一个范畴。拉康认为，主体是由其自身存在结构中的“他性”界定的，这种主体中的他性就是主体间性[2]。其基本含义是指主体与主体之间的交互性与统一性，即“主体-主体”关系中内在的性质[3]。但在不同的领域中，其意义是有差别的。在社会学领域，康德、黑格尔、马克思、哈贝马斯等关涉到的主体间性问题是人的社会统一性问题。比如说，哈贝马斯提倡建立互相理解、沟通的交往理性，以达成交流共识与社会和谐。在认识论领域，主体间性是在主客对立的框架中，主要考察认识主体之间的关系，而不承认人与外部世界的关系[4]。比如说，

[1] 孙洁.开启三农工作新篇章 解读《中共中央国务院关于实施乡村振兴战略的意见》[J].中国农村科技，2018(3)：20-23.

[2] 宣勇.论中国大学的主体性重建[J].国家教育行政学院学报，2014(8)：3-8.

[3] 胡兆义.从主体性到主体间性：论我国和谐民族关系的巩固和发展[J].新疆大学学报(哲学·人文社会科学版)，2019，47(3)：60.

[4] 杨春时.本体论的主体间性与美学建构[J].厦门大学学报(哲学社会科学版)，2006(2)：5-10.

胡塞尔提出的主体间性是先验主体间性，它只关乎认识主体之间的关系，却忽视了认识主体与对象世界的关系。在本体论领域，海德格尔、马丁·布伯，雅斯贝尔斯、马塞尔也都提出了主体间性思想，从根本上解释了人与外部世界的同一性问题，它不是主体与客体对立的关系，而是主体与主体之间的交往、理解关系。总体来看，主体间性是文化自觉的另一维度，它成为西方文明文化自觉的潜在条件，它强调主体间的平等、独立关系，提倡“对白”，反对“独白”。这使得多元主体之间的对话成为可能，正是在“主体-主体”之间的对话中，加深了对合作、共生、共同体等概念的理解。

主体间性的文化自觉强调文化交流中“你中有我、我中有你”，而非“你中无我、我中无你”的民族虚无主义论调，倡导文化的多样性、差异性、借鉴性。同理，乡村建设中主体间性的文化自觉内涵主要表现在：一是强调乡村建设主体的多元化，除了要强调村民主体性的发挥，还要有党政干部、知识分子、乡贤、企业家等其他主体的积极参与；二是强调乡村多元主体之间的关系是你中有我、我中有你，是平等与互补、对话与理解、扶持与帮助的理性交往；三是强调乡村文化与外来文化的互补性、交融性与共生性；四是强调尊重外来文化他者，多元主体之间协同推进乡村建设，共同维护乡村社会的文化秩序。

5.2.2.1 增强乡村建设中主体间性的文化自觉

主体性观念确定了人的主体性本位，弘扬了人的理性，但主体性内蕴的是“主体-客体”二元对立的逻辑。也就是说，作为主体的“我”常常自觉地把自我视为“主”，把他者视为“客”，暗含着主体对客体的宰制，高扬主体性势必造成“自我中心主义”“个人中心主义”“人类中心主义”的主体性暴力问题。在理解与处理乡村多元主体关系时，单纯的“主体-客体”模式强调主体间的差异与对立，注重“自我”与竞争，无法促进乡村多元主体之间的融洽。这就促使我们需要运用主体间性对乡村多元主体关系进行重新审视。在主体间性视角下，乡村建设中的村民、党政干部、企业家、建筑师等各类交往主体之间不再有主客之分，也不再是领导与被领导、控制与被控制关系，而是互为主体，在遵循共同规范的前提下将对方视为民主、平等的主体身份，注重"他我"与合作，每个主体都是彼此关系的创造者，通过开展主体间的互动与交流，达成共同的乡村建设目标。

针对当前我国乡村建设的文化现状，一方面，我们要重视乡村文化的主体性自觉。因为文化全球化仍是世界的主流，在乡村文化形态没有"尽我之美"之前，保持主体性的文化自觉是抵御他者文化入侵的必要防御机制，否则乡村文化会在向世界言说之前就被他者文化所淹没。另一方面，我们更要重视乡村文化的主体间性自觉。主体间性并不是反主体性，而是对主体性的重新确认和超越，主体间性观念超越了主体性观念的局限，不仅强调了主体间的相关性和整体性，还可以发挥各自的特色和优势，形成合力，对于促进乡村文化建设发展和巩固乡村社会和谐具有积极意义。这主要表现在文化全球化和乡村文化多元化的格局中，无论是乡村文化还是城市文化、本土文化还是全球文化、民族文化还是西方文化，无论是乡村内部主流文化、精英文化还是大众文化，主体间性的文化都是一种重要的文化形态，不同文化间的接触、混杂、联结和融合从未间断，各自都是有着自身文化特色和利益诉求的主体，彼此都能不妨碍对方主体性的发挥。唯有重视主体间性的文化自觉，"文化通性"才能为我们敞开更为宏大的视野，并通过对主体间性的文化进行追本溯源，跳出主体性的迷雾，通过对乡村多元文化矛盾与冲突的化解，实现彼此之间的"共在"，从而增强和深化我们对于主体间性的文化自觉。

5.2.2.2 以主体间性的文化自觉促进乡村建设多元主体模式的构建

从主体间性的视角看待乡村建设中各异质主体间的关系处理，对于当前乡村"多元主体合作共治模式"的构建同样具有极其重要的理论价值和现实意义。中国《乡村振兴战略规划(2018—2022年)》提出"以乡情乡愁为纽带，引导和支持企业家、党政干部、专家学者、医生教师、规划师、建筑师、律师、技能人才等，通过下乡担任志愿者、投资兴业、行医办学、捐资捐物、法律服务等方式服务乡村振兴事业”[1]。这是在号召全社会的多元化主体来共同参与国家乡村振兴事业，也是通过主体间性的文化自觉观念来推动乡村建设的多元主体模式形成的生动写照，有利于我国构建“有限政府、村民主体、依托协会组织、全社会参与”的乡村建设的多元主体合作共治模式[2]。其具体内容包括确立有限政府的原则，提高村民的主体地位，充分发挥乡贤的作用，结合高等院校、企业与金融机构等文化精英的共同参与等。

多元主体合作共治的理论基础是治理理论。“治理”与“管理”虽一字之差，在内涵与意义上却有着重大区分。管理是垂直的、从上而下的，决策者对公众需求缺乏回应的动力，而治理是多元主体民主参与、政府与公众双向互动协同作用的结果。传统单一威权的“管理论”已不能满足当前乡村建设的需求，要解决乡村建设中民意缺失、资金不足、建设被动、利益冲突等问题，需要通过市场、社会、协会、村民、政府五大主体构建乡村建设的多元主体合作共治模式，使各主体充分发挥各自优势，共同参与乡村建设，以便多元主体能够更好地取得合作共赢。该模式实现了多元主体的协同互动，促使政府决策从“为民作主”到“由民做主”，工作推进从“一己之力”到“多力共施”，村民从“坐壁旁观”到“参与融入”，增强了政府决策的民主性、科学性和社会认可度。为了更好地促进乡村建设多元主体合作共治模式的构建，第一，要构建多元主体利益协调机制。马克思认为，“利益在本质上是一切社会关系的体现，利益的形成、分配等都与社会关系相联系”[3]。多元主体由于各自的利益偏好不同而容易产生利益摩擦，因此，乡村建设需要构建多元主体利益协调机制，当主体间发生利益冲

[1] 中共中央国务院印发《乡村振兴战略规划(2018—2022年)》[N].人民日报，2018-09-27(15).

[2] 中共中央办公厅、国务院办公厅印发《关于构建现代环境治理体系的指导意见》[N].新华社，2020-03-03.

[3] 董欢.农村土地综合整治中的利益相关者分析[J].西北农林科技大学学报，2014(4)：5-6.

突时，可寻找有效途径协调矛盾，形成利益共识。另外，利益的相对一致性是保证乡村建设持续推进的前提和基础，片面强调少数主体利益的重要性，忽视其他主体利益的做法也是不可取的。这就需要理顺主体间的利益关系，在共同的价值理念和治理目标引领下开展合作，形成相互配合、相互协作、相互补充的合作共治格局。第二，培育多元主体合作意识和能力。一是各主体要以“有效化解和减少利益摩擦”为共识，以“主体均衡”替代“主体偏向”，形成多元主体合力，为实现目标而共同努力[1]；二是要加强主体间的彼此信任，遇到问题要理性表达、平等协商，因为在“一个共同体中，信任度越高，合作的可能性就越大”[2]；三是各个主体要对自身进行优化升级，提高合作共治的能力，为确保多元合作有效运行打下坚实的基础。第三，充分发挥文化精英作用。当下乡村建设面临的最主要问题是乡村文化精英流失，乡村建设失去了自治与发展的内在力量。乡村文化精英既是乡村建设的领军者，又是文化自觉的实践者，相对于大多数人而言，他们是走在乡村社会“前台”的人群，文化自觉意识需要这些具有“先知先觉”的时代领潮人士唤醒[3]。由乡村文化精英领头的乡村文化组织能形成内生文化传承的主体力量，从而激发广大村民的主体觉醒，对乡村建设发展是一种显性的影响力。第四，以多元主体赋权助力乡村建设。在政府、市场、协会、社会和村民五大主体共同参与的乡村建设中，通过外部主体（政府、市场、社会）对核心主体（村民）的充分赋权助力乡村建设。政府的社保和政策的赋权促进村民对自身身份的认同，激活其社会主体性；教育政策的赋权提升村民参与乡村建设能力，激活其文化主体性；市场赋权落实土地承包经营权和产业自主选择权，激活其经济主体性；社会舆论赋权引导村民对乡村传统文化的文化认同，并赋权村民参与协会组织，实现其文化自主性，激活其主

[1] 胡钰.美丽乡村建设中多元主体合作共治路径研究[D].南宁：广西大学，2019：39.

[2] 严波.劳资冲突多元主体合作治理机制研究[D].上海：上海交通大学，2013：43.

[3] 戚晓明.乡村振兴背景下乡村文化再造与文化自觉[J].艺术百家，2018(5)：94-98，116.

体性[1]。乡村建设动力是多元的，只有调动各方主体的力量，乡村建设才能迸发出生生不息的生机与活力。

基于主体间性的文化自觉，蕴含着平等性、互惠性、无强制性等理念。各主体都是乡村建设不可或缺的部分，有着平等的地位和权利，有着共同的价值和目标。在此背景下，主体间的交往不再是单向度的“主体-客体”关系，而是双向度的“主体-主体”关系；不再是谁服从谁、谁支配谁的关系，而是一种相互依存、和谐共生的关系。

从主体间性视角来理解主体关系，并不是要抛弃各主体的主体性，而是在交往互动的关系之中实现各主体的主体性；不是忽视各主体的客观存在与差异，而是在包容差异、增加共性的基础上巩固乡村多元主体合作共治的格局。因此，以主体间性的文化自觉来促进乡村建设中多元主体合作共治模式的构建，其目的正如费孝通先生在“中华民族多元一体格局”理论中所阐述的，即“形成一个你来我去、我来你去，我中有你、你中有我，而又各具个性的多元统一体”[2]。

---

[1] 毛安然. 赋权与认同：乡村振兴背景下乡村价值激活农民主体性的路径[J]. 华东理工大学学报(社会科学版)，2019(2)：60-69.

[2] 费孝通. 中华民族多元一体格局[M]. 北京：中央民族大学出版社，1999：3-4.

5.3 乡村文化传承与创新的发展自觉

新时代中国乡村建设的现实主题和时代使命，着眼于乡村文化的生存和发展的这个价值前提。而文化自觉是乡村文化发展的内在张力，其焦点和关键就在于对乡村文化“发展问题”的深刻自觉。在这个问题上，乡村文化的发展自觉有三层意涵：一是自觉传承乡村优秀传统文化，推动乡村传统文化向现代文化转型；二是自觉推动乡村传统文化的创造性转化，使乡村传统文化的内涵、结构、机制和形态都有新的变化；三是自觉推动乡村文化的创新性发展，不断增强乡村文化建设的时代性、时效性，为实现乡村文化复兴凝聚强大的精神力量。

5.3.1 文化自觉中乡村优秀传统文化的传承

在文化自觉中推进乡村优秀传统文化的传承，要对乡村传统文化有“自知之明”，要理性鉴别、批判性继承，不带任何“文化回归”的意思。文化自觉的激发和提升能够增强对乡村传统文化地位、作用、意义及发展规律的认知，不断增强乡村优秀传统文化的影响力和凝聚力，在自觉对乡村优秀传统文化的传承中把握住乡村传统文化前行的方向，筑牢乡村优秀传统文化传承的基础和机制。

5.3.1.1 明确乡村优秀传统文化传承的意义

乡村是传统文化存续的主要空间，乡村传统文化是乡村文明的文化根基。乡村传统文化的形成是自然与社会多重因素共同作用的结果，它不仅留下了丰厚的物质和非物质文化遗产，还承载了千百年来乡村民众的精神之源；它不仅是乡村民众生活世界的重要组成部分，也是乡村民众安身立命的意义所在。

乡村文化建设，建设的是乡村文化，而不是什么别的文化。因此，只有以乡村文化为根基，以传承发展乡村传统文化为己任，才能体现出特色和优势，乡村文化建设才有生存发展动力和活力；乡村文化只有形成乡土性格和乡土特色，才能避免文化精神的“无根”之痛和沦为城市文化的翻版，乡村才能获得真正的振兴。新时代语境下，传承乡村优秀传统文化至少有四重意义。一是推动乡村文化的物质传承。通过做好传统村落、民居建筑、农业遗产、民族风情小镇等乡村物质文化遗产保护与管理工作，规划建设一批乡村文化公园、文化大院、文化礼堂，并进一步完善非物质文化遗产保护、传统工艺振兴计划、方言文化传承、少数民族特色文化保护等工作[1]，建设一批乡村“非遗”研学基地，使其成为乡村优秀传统文化传承的重要标识。二是延续乡村文化的精神血脉。“中国传统乡村的生产机体，血缘、地缘的人际关系，物我同根、天人合一的宇宙观念，培植了中国农民‘精耕细锄，厚加粪壤，勉致人力，以助地力’的务实态度，‘敬时爱日，非老不休，非疾不止，非死不舍’的敬业精神，以及‘格于使命，爱家爱土，尊老爱幼，扶危济贫’的道德情操。”[2]这些连绵不断的文化精神反映着乡村民众独特的生活情趣，代表着乡村民众的审美理想，也是民族延续的生命力之所在。它源源不断地为中华文明提供精神营养，使中华文明以独有的方式屹立于世界民族之林。乡村传统文化蕴涵着乡村社会基本的生命姿态和价值理念，为中华优秀传统文化传承提供着基因和动力，如“道法自然、天人合一”的宇宙观；“自强自立、勤读力耕、倡导和睦、修己安人”的文化观；“重名节、重孝悌、重文教、重

---

[1] 中共中央办公厅，国务院办公厅印发．关于实施中华优秀传统文化传承发展工程的意见[N]．人民日报．2017-01-26.

[2] 郑太亮．新农村建设背景下的乡村文化研究[J]．黄河科技大学学报，2007(9)：74-76.

信义”的道德观[1]；“以德为基、以人为本、厚生利物、明分乐群”的处世观以及“忧患自省、重义轻利、正道直行、扶危济困”的义利观等都具有重要的时代价值，这些思想一直到现在都可以帮助我们更好地弥补现代文明条件下人与自然、人与社会以及人与人的关系。三是增强民族凝聚力。乡村民众世代相承的乡村传统文化，已成为广大民众精神文化生活的基调和文化习俗，是千百年来村民进行自我教育、自我约束、自我管理的文化思想武器。乡村优秀文化的传承就是要培育独具特色的乡村精神，把新时代主旋律的远大目标同乡村发展目标结合起来，把乡村发展目标和民众家庭发展目标整合起来，构建一种为民众所共同认同、践行、弘扬的文化精神，使民众形成对乡土的归属感、自豪感，对乡村文化价值的认同感，对乡村经济建设和社会发展的使命感，从而形成强烈的民族向心力和巨大的社会凝聚力。四是增强国家软实力。在新的历史条件下，乡村优秀传统文化是实施“中华优秀传统文化传承发展工程”的重要内容，有助于为中国特色社会主义建设提供精神动力和增强文化软实力。以乡村传统文化的优秀品质为依托，紧紧围绕实现中华民族伟大复兴的中国梦这一奋斗目标，自觉建构一种“开拓进取、积极向上、敬业求是、艰苦奋斗、仁义善良、爱家爱国”的乡村文化价值体系和人文精神，更能凸显乡村优秀传统文化传承的意义和价值，体现出新时代中国乡村建设的时代性特征。

5.3.1.2 筑牢乡村优秀传统文化传承的教育基础

各类教育在乡村优秀传统文化传承的过程中发挥着基础性和先导性作用。只有受过教育的人才能从内心深处认同自己的文化，才能真正担当起传承乡村优秀传统文化的重任。然而，当下的乡村教育未能坚定青少年传承与发展乡村文化的信心和决心，在文化教育、传播和引导上呈现出弱化局面。一是在教育目标方面。乡村教育更多地把对青少年文化知识的传输作为教育终极目标，使得青少年视乡村为其逃离之地，城市才是其向往之地，造成了“离农”和“为农”的矛盾冲突。

[1] 钟培林. 优秀民间文化传承与新农村文化建设[J]. 老区建设，2007(8)：9-11.

二是在教育内容方面。乡土文化教材使用率低、没有开设专门的乡土文化课程，乡村教育未能充分体现出乡土特色；“千校一面，万人一书”的教育模式，未能发挥好乡村文化的教化和引导功能[1]。三是在教育效果方面。乡村教育形式单一，教育手段落后，部分乡村教师缺乏乡土情怀，对乡村文化产生淡漠甚至排斥的心理，这必然会影响到青少年对乡村文化的认同与追求。

乡村教育担负着对青少年知识教育以及思想道德、民族情感、价值引导的重任。通过乡村优秀传统文化教育让青少年看到乡村今后的希望和美好的未来，能够坚定其在乡村发展的信心。为此，要通过正确的教育引导促使其形成正确的乡村文化观，树立文化自信。一是在教育目标上，以提高学生对乡村优秀传统文化的自主学习探究能力和主动传承发展能力为重点，积极探索传承发展乡村优秀传统文化教育的有效形式和长效机制，着力推进乡村文化教育的现代化、生活化、社会化、教育化、网络化。二是在教育内容上，将乡村优秀传统文化进课堂作为固本和铸魂工程来抓，开设乡村传统文化通识课程，编纂优秀传统文化系列教材及辅导读本，充分发挥课程文化育人作用，让乡村文化的种子深埋心里，在潜移默化的教育中培养青少年对乡村文化的认同与自信。三在教育方法上，打造乡村文化数字网络教育平台，大力培植“互联网+”的乡村文化，加强乡村优秀传统文化教学方法的改革与创新，充分利用学生社团和当地乡土文化资源，开展形式多样的文化教育活动。不仅要在校园内营造浓厚的乡土文化氛围，还要让青少年走出课堂、走进田野、走进乡土，在乡村传统文化教育社会实践活动中，感受乡村文化的魅力，增进对乡村的情感。四是在教师教学上，要给予教师更多自主权，加强对青少年的乡村文化教育。要鼓励教师组建乡土文化学习共同体，增强其乡村文化自觉和自信，使其能主动传播乡村优秀文化，承担起文化教育者和传承者的责任，为乡村文化的未来储备建设人才，最终实现乡村优秀传统文化的代代传承。

---

[1] 吕宾，俞睿. 乡村文化自信培养困境与路径选择[J]. 学习论坛，2018(4)：66-73.

5.3.1.3 建立乡村优秀传统文化传承的长效机制

加强对乡村优秀传统文化的传承，离不开乡村政府的大力支持与引导。乡村政府要制定乡村优秀传统文化传承的政策与机制，加大政府投入和政策扶持力度，为乡村优秀传统文化传承提供资金保障；乡村政府要加大宣传力度，充分调动乡村民众积极参与优秀传统文化传承的具体实践，不断提高政府文化服务功能。

第一，建立健全政府管理的工作机制。各级乡村政府要充分掌握乡村优秀传统文化传承的规律，进行有效组织和有力领导，要充分发挥舆论媒体的引导和宣传作用，不断激发乡村民众的文化自觉。一方面，要建立有效的落实督办和预警机制，突出责任主体，及时跟进乡村传统文化传承各项工作开展的进度，确保政府在文化安全、文化政策、文化资金、文化保护等方面的工作落实到位[1]。另一方面，要切实把握乡村传统文化传承工作的新脉搏、新特点，及时解决新困难、新问题。把传承乡村优秀传统文化与国家“关于实施中华优秀传统文化传承发展工程的意见”结合起来，不断调动各级单位在乡村文化传承中的自觉性，积极主动地投入文化传承的事业中。

第二，充分调动乡村民间组织的共同参与。乡村优秀传统文化传承的内生动力主要来源于村民和乡村社会民间组织力量的发挥，民间组织有益于乡村社会中分散利益诉求按照功能分化的原则有效整合和表达，有助于乡村社会各个阶层有序地参与到政策形成过程中去。譬如“新乡贤理事会”就不仅能够给那些乡村外出经商、见过世面、事业有成的经济精英，也能给乡村外出在职或退休的官员、教师、医生、军官等各类精英提供一个关心和参与家乡建设的平台[2]。乡村精英是乡村核心，他们不仅能左右社会舆论、左右社会资源、左右村干部决策，还是有素养、识大体、懂政策、有真本事的人，他们有助于乡村

[1] 董成雄. 中国优秀传统文化的系统解读和传承建构[D]. 泉州：华侨大学，2016：160.

[2] 朱余斌. 新时代乡村社会组织发展创新的意义与路径选择[J]. 经济师，2019(10)：7-9.

优秀传统文化的传承与推广。因此，在文化传承的发展和完善进程中，需要正确对待乡村各类民间组织的作用和影响，建立关心礼遇乡村民间组织机制，重视调动乡村民间组织的主观能动性、文化自觉性和文化责任感，使文化传承在乡村社会形成共识与合力，共同推动乡村优秀传统文化的传承。

第三，加大文化传承的资金投入力度。乡村政府要从长远角度考虑，加大财政投入力度，提高投入资金在财政支出中的比重。要鼓励产业带动，市场化运作参与管护，积极引导多渠道的社会资金向乡村文化事业和文化产业流动，加强乡村传统文化的开发力度，从根本上创造有利于乡村优秀文化传承的政策环境。

第四，为文化传承提供法律保障。一方面，要尽快制定有关文化传承和传承主体的法律法规制度，明确需要法律保护的文化内容、传承措施，明晰文化传承主、客体之间的责任与义务，促进文化主体在进行文化生产和文化活动中的合理性与合法性。另一方面，要构建乡村优秀传统文化的现代传承体系，保护乡村传统文化遗产的拥有者和传承人，减少文化传承领域的纠纷、摩擦，避免不正当竞争，实现乡村优秀传统文化传承在法律体系框架内有序化和规范化的运作，积极推动乡村优秀传统文化的现代转型。

5.3.2 文化自觉中乡村传统文化的创造性转化

所谓创造性转化，“就是要按照时代特点和要求，对那些至今仍有借鉴价值的内涵和陈旧的表现形式加以改造，赋予其新的时代内涵和现代表达形式，激活其生命力”[1]。乡村传统文化既需要传承，又需要不断创造性转化，才具有旺盛的生命力。当前，乡村传统文化的创造性转化正面临着现代性困境，其生成与乡村现代化的历史进程密切相关。现代性困境是一场发源于文化的危机，而文化自觉是超越现

[1] 贾思远. 习近平传统文化观与高校思政课教学改革探索[D]. 天津大学，2018.

代性困境的根本途径[1]。因此，我们必须在文化自觉中推进乡村传统文化的创造性转化，进而超越乡村文化发展的现代性困境。

5.3.2.1 乡村传统文化创造性转化的可能性

乡村优秀传统文化之所以能够在新时代实现创造性转化，是规律使然、基因使然、时代使然[2]。一是文化自身发展的规律使然。文化不是一成不变的。时代不同，文化也不同。文化是时代的反映，文化当随时代转，并随着时代的发展变化而不断发展变化，这是文化发展的客观规律。对于乡村传统文化而言，“传统”意味着文化发展的民族性和延续性，“创造性转化”则意味着文化发展的时代性和原创性。进入新时代，乡村传统文化的创造性转化是其内在活力因素与自身发展需要使然，一方面必须对乡村传统文化的内涵加以补充和完善，另一方面必须对乡村传统文化的形式进行改造和重构。二是乡村优秀传统文化的基因使然。乡村优秀传统文化具有的开放包容、兼容并蓄、鼎故革新等特性使乡村传统文化生生不息、延续至今，铸就了乡村文化不断自我更新的精神品格，也成为乡村传统文化进行创造性转化的思想基础和实践指南。譬如：“自强不息”的精神成为现代人不断奋斗、拼搏、进取的精神动力，“以和为贵”的理念为现代商业提供了互惠互利的行为准则，“和而不同”的文化思想则贯穿中华传统文化发展的全过程。这些乡村传统文化中的德性元素和文化基因能突破时空限制，体现出恒久的价值，为乡村传统文化的转化提供了可能性。三是新时代乡村建设的现实需要使然。中国乡村建设进入新时代，正面临现代性带来的乡村文化危机、文化自觉缺失等新问题和新困境，乡村传统文化只有实现转化才能不被淘汰。这就需要通过对乡村优秀传统文化的话语体系、表达方式、解释系统等进行创造性转化，积极吸纳其他优秀文明的有益成分，才能化解当前的乡村文化生态危机，破解西方的文化中心主义及文化霸权主义，消解乡村现代文化的异化作

[1] 刘伟斌，胡海波. 超越现代性困境的文化自觉[J]. 广西社会科学，2018(11)：52-56.

[2] 赵晓翠. 创造性转化与创新性发展何以可能[J]. 红旗文稿，2019(14)31-32.

用。同时，也可以培养和造就担当乡村文化复兴大任的时代新人，为乡村建设实践及构建乡村和谐社会提供不竭动力和精神保障，加速推进新时代乡村建设的现代化进程。

5.3.2.2 乡村传统文化创造性转化的路径实践

实现乡村传统文化的创造性转化，必须落实到具体的行动中，要结合全球化发展趋势、乡村优秀文化遗产、乡村建设实践、中国特色社会主义实践展开。一是要融入全球化和现代化发展趋势。面对全球化的浪潮，乡村传统文化也正在经历现代化转型的艰难历程，现代化尚未实现而又出现了现代性危机。但我们必须明确的是，现代化仍然是我国各项建设的中心任务，乡村传统文化的创造性转化也必须为现代化建设服务。在探索乡村文化如何超越现代性困境的同时，不可背离乡村现代化建设的发展方向。二是要挖掘与整理乡村优秀传统文化。一方面，要“古今结合”。要加强对乡村传统文化的研究，做好辨章学术、考镜源流的工作。乡村传统文化既是传承的文化基因，又是创新的文化密码[1]。在扬弃继承乡村传统文化的过程中，要结合新时代实践要求进行正确取舍，挖掘与弘扬乡村优秀传统文化的当代价值，坚决维护乡村传统文化的民族性和独特性。另一方面，要“东西结合”。创造性转化需要大胆借鉴人类社会创造的一切文明成果，博采外来文化之长，实现“中、西、马”的融会贯通。三是要服务于乡村建设实践。一方面，乡村传统文化的创造性转化要坚持“实践第一”的原则，以文化实践的形式融于乡村建设和乡村民众的日常生活，推进传统文化世俗化、日常化，只有这样，乡村传统文化才具有进一步发展的空间。另一方面，乡村传统文化的创造性转化在本质上就是一种乡村建设的文化自觉。要对自身有“自知之明”，要知道自身文化的优秀与不足，对于优秀的部分要原汁原味地继承，乡村建设离不开优秀传统文化；对于不足的地方不能直接照搬、照用，必须予以剔除、改

[1] 孙岳兵. 新时代文化建设需处理好四个辩证关系[J]. 长沙理工大学学报(社会科学版)，2018，33(5)：54-59.

造，注入新时代文化实践的新鲜血液[1]。四是要立足于中国特色社会主义实践。一方面，必须坚持以马克思主义为指导思想，自觉运用马克思主义基本观点、基本立场、基本方法对传统文化进行批判传承与改造，充分彰显创造性转化的科学性、实践性、时代性，使乡村优秀传统文化在当代中国马克思主义文化语境下永葆活力。另一方面，乡村建设实践与新时代的“乡村振兴”“中国梦”“民族复兴”“人类命运共同体”共同组成了一个有机整体，中国特色社会主义实践为乡村传统文化的创造性转化注入了新的文化元素和新的社会力量。只有在中国特色社会主义的伟大实践中进行创造性转化，乡村传统文化才能获得新的历史契机和强大推动力，乡村传统文化才能转化为新时代中国先进文化的文明成果。五是要结合乡村民众的精神文化需求。乡村民众是乡村文化的实践主体和价值主体，也是乡村传统文化创造性转化的主体。实现乡村传统文化创造性转化，必须发挥乡村民众的主体作用。在不断丰富乡村民众精神文化生活的同时，要充分挖掘乡村民众的文化创造潜力，只有不断找出新办法、发掘新思维、采用新形式，才能适应乡村传统文化创造性转化的需要，进而满足广大乡村民众日益增长的文化需求。

5.3.3　文化自觉中乡村文化的创新性发展

所谓创新性发展，“就是要按照时代的新进步新进展，对中华优秀传统文化的内涵加以补充、拓展、完善，增强其影响力和感召力”[2]。乡村文化的创新性发展包括两方面工作：一是“创新”，即由“旧质”到“新质”的发展过程，是文化发展的动力，这在乡村文化传承与创新的取向上构成文化自觉的发展逻辑；二是“发展”，即由“量变”

[1] 李佳.论中华传统文化现代转化的必然性及实现条件[J].淮海工学院学报(人文社会科学版)，2018，16(11)：86-90.

[2] 张志臣，洪晓楠.习近平总书记关于中华优秀传统文化重要论述及其时代价值[J].当代世界社会主义问题，2019(2)：12-19.

到“质变”的发展过程，是文化创新的目标，这在乡村本土文化与外来文化的方位上构成文化自觉的空间逻辑。就其本质内涵而言，乡村文化创新性发展是乡村文化自觉的体现，是以创新为价值特征、发展为价值追求、文化与时代的有机融合为价值旨归，全面促进乡村文化的提升超越[1]。

5.3.3.1 传承传统文化，推进乡村文化的创新性发展

从发展逻辑来划分，传承传统文化是乡村文化创新性发展的基础和动力，我们要坚持在传统文化传承中推进乡村文化创新性发展，在乡村文化创新性发展中传承传统文化，实现传统文化传承与乡村文化创新性发展的统一。只有这样，才能实现乡村文化从文化迷信向文化自信、从文化批判向文化传承、从文化传承向文化整合的转变，从而走向乡村文化的创新性发展。一方面，在创新性发展过程中，我们不仅要“向前看”，也需要“向后看”。“向前看”是“面向未来”的过程，是指乡村文化创新要始终坚持先进文化来引领，并随着时代发展不断创新乡村传统文化传承的传播方式，与时代主题相结合，满足时代发展需求，将时代发展的内容融入乡村传统文化，创新文化话语体系，使其更具时代特色。如政府积极搭建传统文化的数字化传播平台，继续发挥好乡村“大喇叭”的作用，推进乡村数字电影放映、数字农家书屋、城乡电子阅报屏建设、公共数字文化服务网络、开发移动端的“三农”应用场景等乡村数字文化建设项目等。“向后看”则是“不忘本来”的过程，是指坚持继承乡村优秀传统文化、发展具有本土特色的地域文化以及保护在地的非物质文化遗产。通过提升文化自觉性，积极主动地担当传承乡村优秀传统文化的重任，在保留本土文化个性的基础之上推动乡村文化的创新性发展。另一方面，要处理好传承与创新的关系。我们既要大力传承弘扬乡村民众向上、向善的乡村传统人文精神，增进乡村民众的人文素养，彰显乡村文化的自信与担当，又要结

---

[1] 万光侠. 中华传统文化创造性转化创新性发展的哲学审视[J]. 东岳论丛，2017，38(9)：27-34.

合新时代特点、科学地传承与创新乡村传统文化。既要抵制“文化虚无主义”，即全盘否定乡村传统文化，主张完全抛弃乡村传统文化；又要抵制“文化复古主义”，即全面肯定乡村传统文化，主张全面恢复乡村传统文化。这两种态度的错误之处都在于没有正确认识乡村传统文化及其地位与作用，对乡村传统文化不加分析地全盘肯定或者全盘否定。

5.3.3.2 融合外来文化，推动乡村文化的创新性发展

从空间逻辑上来划分，乡村外来文化主要包括城市文化、现代文化、西方文化、异族文化、异域文化乃至全球文化等，也可统称为“他者”文化。外来文化中的城市文化、现代文化、西方文化都具有高度的现代性、先进性、开放性、创新性和高效性等特性或优势，这和乡村文化具有的乡土性、朴实性、保守性、务实性、封闭性等特性形成反差或互补。由此可见，在全球化语境下，乡村文化与外来文化打交道的过程其实就是乡村的现代化发展过程，也是乡村文化遭遇现代性困境的过程。

在这一过程中，外来文化迫使乡村文化就其“共时性”而言，由封闭走向开放，就其“历时性”而言，由传统走向现代，乡村文化进入了批判怀疑期并发生了一系列的文化嬗变。然而，这并不意味着乡村文化的终结，相反，乡村文化经过几千年的历史积淀，在物质、制度、思想等各个领域都散发着传统文化的光彩，使得乡村文化在多元文化浪潮中能够保持独立性[1]。而外来文化由于其文化差异性也不能完全解决中国乡村文化问题，难免存在南橘北枳、水土不服的现象。因此，我们要通过文化自觉意识的培养，通过对不同文化之间的对话、比较与反思，自觉地形成危机意识、创新意识与发展意识，反而能对乡村文化树立认同与坚守的理性态度，推动乡村文化与外来文化的融合。马克思说过，“不同的共同体，在其周围的大自然中找到不同的

[1] 徐晶晶，雷家军.新时代中国乡村文化自觉探析[J].中共南昌市委党校学报，2019，17(6)：46-49.

生产资料和不同的生活资料，所以它们的生产方式、生活方式和生产品是不同的”[1]。也就是说，不同文化由于其不同的生存时间、环境、条件、方式而形成不尽相同甚至是截然相反的文化特质，其中最根本的便是不同文化体现着不同思维方式、价值观念。因此，一方面，乡村文化想要在外来文化的冲击下得到创新性发展，就必须适应当下的文化生存环境，要以乡村文化简单、质朴、天然的文化品质影响复杂、浮躁、功利的外来文化。在借鉴外来文化时，应充分考虑到不同“文化个体”的“异质相斥”，要理性地“移植”和“嫁接”[2]。否则，就会有“橘生淮南则为橘，生于淮北则为枳”的结果，使乡村本土文化“失去自我”。另一方面，我们要结合时代发展要求，发挥乡村文化的包容性特点，以海纳百川的心态积极吸收外来文化的精华，将科学、现代、进步、文明、法治的城市文化价值理念融入乡村文化之中，并将其转化成自身内容，不断促进自身发展，实现乡村文化从传统到现代的转变。同时，外来文化的不足则要改正，做到自我反省、自觉修养、慎独慎微和“择其善者而从之，其不善者而改之”，实现“古为今用、洋为中用”，通过与外来文化的交流融合，达到“美人之美、美美与共”。这也是中国乡村文化数千年绵延不断的一个重要原因。

---

[1] 马克思. 资本论[M]. 北京：人民出版社，1953：423.

[2] 王琪，胡洁茹. 全球化背景下的课程文化建设[J]. 内蒙古师范大学学报（教育科学版），2006(2)：1-3.

5.4 乡村本土文化场景提升的实践自觉

费孝通先生在晚年谈到“文化自觉”的时候说，“在和西方世界保持接触、进行交流的过程中，要切实做到把中国文化里面好的东西提炼出来，使其变成世界性的东西，要首先是‘本土化’，然后是‘全球化’”[1]。这既是对文化传承和文化发展关系的理性表达，更是对本土文化实践自觉的最好说明。按照冯骥才的观点，“本土文化是历史文化的沉淀，是一方水土人的独特创造和历史记录”[2]。文化场景作为满载人文意蕴的概念，其核心要义是文化意义的生产与消费，其表现形式是人与文化空间的共在、共享及共生。文化场景的建设要深入本土文化，挖掘出点、线、区域内蕴藏在“山水”背后凝结而成的独特象征符号，才能更好地唤醒进入者的情感，在达成共识中逐步形成默契，彰显文化的包容性与多元性，实现文化价值提升从“资本”到“心灵”的转换，使文化场景的传承更具鲜活性和生命力。在乡村建设实践中，文化场景是本土文化传承的载体和模式，它建立在以农耕为主的乡土环境里，是该地域空间里的地理与历史文化符号，带着人们的情感认同，象征着特定文化精神，是乡村文化的重要构成部分。乡村建设的文化自觉，离不开乡村本土文化场景的氛围熏染。对乡村本土文化的实践自觉，能够加深人们对本土文化元素的辨识与感知，强化

[1] 费孝通. 关于“文化自觉”的一些自白[J]. 学术研究，2003(7)：5-9.

[2] 黄林静. 本土文化自觉对福州城市文化形象建构的影响——以微信公众号“平话”为例[J]. 东南传播，2017(8)：45-47.

人们对乡村的归属感和认同感，有利于促进乡村本土文化基因的继承和乡村本土文化场景的再造。

5.4.1 乡村文化基因的继承与延续

"基因"(gene)的概念来自生物遗传学，它是遗传信息的重要载体，储存着生命的种族、血型、孕育、生长、凋亡等过程的全部信息[1]，生物基因通过"繁衍"传播。文化基因(cultural gene)则是与生物基因类别而产生的一个用于描述文化潜在规律及其深层次内涵的概念[2]。在《牛津英语词典》中，文化基因被定义为："文化的基本单位，通过非遗传，特别是'模仿'的方式得到传递。"[3]乡村文化基因是中华民族文化基因的分支，是乡村文化的本质浓缩和抽象凝结，它包括乡村的意识形态、生产生活方式和外部形态三个层面，分别代表乡村文化的理念系统、行为系统、视觉形象系统，三个层面相互影响、相互制约，共同构成乡村文化的识别系统，形成一个地域文化基因库。

5.4.1.1 以文化自觉的精神审视乡村文化基因

当前，乡村现代文化的话语霸权挤压本土文化的发展，日益消解本土文化延续的传统逻辑，使本土文化逐渐失去民族性、地域性、延续性和稳定性等特征。乡村建设面临文化精神旁落、文化空间萎缩、文化技艺断层、文化行为异化、文化个性不足等有关文化基因载体衰败、文化基因符号消失的问题，乡村优秀文化基因传承出现了断代，现代文化的压力倒逼乡村文化基因的保护与传承。那么，如何才能实现乡村文化基因更好地传承呢？习近平指出："使中华民族最基本的

[1] 滕志霞. 基于序列和 PPI 网络的蛋白质功能预测方法研究[D]. 哈尔滨工业大学，2016：1.

[2] 毕明岩，袁中金，韩博，等. 乡村文化基因传承的规划路径——以江南地区为例[C]//中国城市规划年会，2012.

[3] 郭菁. 文化进化的 meme 理论及其难题[J]. 哲学动态，2005(1)：54-56.

文化基因与当代文化相适应、与现代社会相协调。”[1]这一方面深刻揭示了民族文化基因对确立民族根性、灵魂与标识的内在关系，强调继承乡村文化基因须与时代精神的优化组合，才能体现乡村文化的民族特色、时代要求和旺盛生命力；另一方面体现了习近平对文化基因继承与延续问题的前沿理念，阐明了继承与创新、保护与利用的辩证关系，是推动当前乡村文化基因继承和利用的根本遵循。这就要求我们，一是要自觉地依托乡村本土文化中特有的自然和人文历史资源禀赋，把散落在乡间的民间信仰、宗族制度、伦理道德等重新融入新时代乡村建设中，可从源头上强化无形的乡村精神文化基因。正如梁漱溟所说，乡村文化保留着“中国的老道理为根本精神”[2]，来自村民内心深处的精神文化基因比任何外来力量都更能产生强劲的动力，但精神文化基因必须在其特有的环境中才能更好地体现其历史文化价值。二是要在乡村建设中承载乡愁、弘扬乡风、传承非遗，自觉地开展具有地域性、独特性和不可替代性的节日庆典、礼仪规范、民风民俗、民间曲艺等生活生产活动，这是对乡村行为文化基因的最好传承与延续。三是必须自觉地保护与修复好传统聚落、街巷空间、建筑园林、风水风貌、非遗工坊、手工技艺展示等有形的乡村物质文化基因。乡村通过物质文化基因才使得自身的文化场景和文化特质得以延续，也使得乡村的文化精神、文化气质和价值取向更具稳定性。

5.4.1.2　自觉构筑原真性和整体性的文化基因库

乡村是传统文化的基因库。乡村文化基因库是乡村文化中所有文化个体基因的总和。乡村文化基因的传承和延续不仅在于单一文化元素的保护及发掘，也在于对文化基因库的整体有序继承。一方面，要增强文化自觉，尊重乡村历史文化遗产，保护好文化基因存在的物质环境，体现其原真性。另一方面，原真性保护要求将乡村物质形态被

---

[1] 习近平在中共中央政治局第十二次集体学习时强调 建设社会主义文化强国 着力提高国家文化软实力[N]. 人民日报，2014-01-01：01 版.

[2] 梁漱溟. 乡村建设理论[M]. 上海：上海人民出版社，2011.

动地、静态地保护转化为主动地、动态地有机延续与更新，注重生产生活方式的活态传承，探讨整体性继承和保护基础之上的乡村文化基因库构建。其实现路径包括：其一，识别和提取乡村文化基因。通过对本土文化历史脉络、发展演变的分析，将文化资源进行系统化整理，将繁杂的乡村文化归类整理，从而为后续的保护利用做出指导，文化基因可以通过保育、隔离、变异、共生、植入、移植和复制等技术手法得以提取和继承。乡村文化基因识别和提取的目的在于寻找乡村传统文化中具有标志性意义或代表性特征的文化因子，实现乡村文化特征的深层次解读，充分解读传统文化因子在乡村文化空间中的存在方式、分布规律与内在联系。其二，构筑乡村文化基因库。第一步是构建图谱，从显性物质文化遗产和隐性非物质文化遗产两大方面展开，结合地域空间规划、结构与功能布局等时空分析方法，构建系统性的文化基因图谱。第二步是确定两种保护模式，即主体文化基因的保育和文化基因载体的分类保护，一是挖掘具有地域特色，对承载当地典型生产生活及历史性记忆的主体文化基因进行重点保育。二是针对主体文化基因的承载体进行归类，如对古镇、古村、古民居、古树名木等同类别的文化遗产进行分类分层级保护[1]。其三，明确两个展示利用方向。一方面，利用数字技术的表现形式，激活沉睡的乡村文化基因，并利用二维、三维、结构、视觉与感知等多种形式进行文化基因识别模式的展示传播；另一方面，将文化基因承载体进行串联，明确文化基因数字化管理和识别操作的流程化方法，形成文化路线进行展示表达，推进乡村文化基因的数字化与深化应用[2]。

---

[1] 刘彤，吴宗枝，郑孝建. 文化基因视角下乡村文化保护利用路径探究——以四川省遂宁市射洪县为例[C]. 中国城市规划学会、重庆市人民政府. 活力城乡 美好人居——2019 中国城市规划年会论文集(09 城市文化遗产保护). 中国城市规划学会、重庆市人民政府：中国城市规划学会，2019：1612-1620.

[2] 胡最，刘沛林，邓运员，郑文武. 传统聚落景观基因的识别与提取方法研究[J]. 地理科学，2015，35(12)：1518-1524.

5.4.1.3 构建文化基因组图谱强化乡村文化资源保护

乡村文化资源是历经不同历史发展阶段的传承与积淀逐步形成，是一种具有地方特色和传统文化价值的重要符号。通过构建乡村文化基因组图谱将现有的乡村文化形态抽象为系统性的符号，一方面可形成多段乡村文化识别特征序列，以此唤醒各类型特征的乡村文化记忆，凸显乡村文化生态的多样性与原生性，从而整体地、真实地展现出原汁原味、形式多样、层次分明的乡村文化场景。另一方面从基因组的类型、结构、编码、信息传达、可视化识别等角度进行归类，能保证乡村不同自然面貌与周边自然肌理的延续，巩固地域文化根基，避免乡村不同地域文化失调、形式怪异、意义曲解，不受人为负面生态文化基因突变的影响，从而能够有效地提高乡村历史文化资源保护的完整性和连续性。随着乡村历史文化的变迁，乡村文化在延续自身文化基因的同时，也融合了其他外来优秀文化基因，实现乡村文化基因的再生，形成新的文化基因，构成新乡村文化的重要部分。我们通过审视乡村文化基因、构建乡村文化基因组图谱，并以图谱的方式对本土文化资源进行整理归纳，同生物基因遗传中的碱基配对类似，可以概括出本土文化场景的群系性特征，并经过不同基因组合配比来表达出不同的文化场景，有助于推动文化场景的个性化特征识别与解读。这对于不同文化资源进行不同方式的传承与利用、乡土文化资源普查的探索与积累、本土文化的整体保护与延续利用有着重要的研究价值，也能使乡村民众获得归属感与认同感，确保乡村本土文化继续留存在当代视野中。

5.4.2 艺术自觉中的乡村文化修复与环境改造

2018 年中央一号文件提出，以乡情乡愁为纽带，引导和支持艺术家、建筑师、规划师、教师和相关领域专业技术人员等助力乡村振兴。这类人群往往懂艺术，有技术、资金和管理经验，且对乡土怀有感情，如果能吸引其下乡、充分发挥其作用，就会为乡村建设提供强大的外在动力[1]。在此背景下，如何通过艺术介入乡村建设，用艺术激活乡土文化？如何发挥文化基因在乡村建设中的作用，通过艺术手段促进乡村文化修复和环境改造，重塑传统村落的文化凝聚力？基于这些问题的思考，作为文化艺术工作者，我们可通过文化自觉把握艺术自觉，通过艺术自觉为新时代中国乡村建设提供理论与实践探索。

关于文化自觉与艺术自觉之间的关系，可以说，二者是整体与局部、一般与个别，抽象与具体的关系。文化自觉包含艺术自觉，艺术自觉是文化发展中的自觉；文化自觉通过艺术自觉的独特性来体现，艺术自觉受到文化自觉一般规律的制约；文化自觉为艺术自觉提供了文化资源，艺术自觉是抽象的文化自觉的一个具体化表现[2]。厘清二者关系，有助于我们更好地实现乡村文化自觉和复兴乡村传统文化。具体到乡村建设实践的问题解决层面，艺术自觉有助于识别和提取乡村的文化基因、唤醒沉睡的乡村文化传统、拯救濒于消亡的乡村文化遗产，通过产品设计、包装设计、环境设计、公共艺术、数字媒体等艺术介入的途径，激活乡村文化基因，对乡村传统文化进行创造性转化，能够化腐朽为神奇，赋予乡村新的生产、生活和生态模式。而从更高的战略层面来看，艺术自觉结合乡村实际，为乡村建设提供有借鉴性的艺术介入研究，能够搭建传统通往现代与未来之间的桥梁。这是以艺术作为桥梁寻找回家的路，它通过人类重新认识自身文化传统，进而以塑造人类新的生活作为开始。如果是这样，艺术的“开放性”与“文化性”就更加明显，这在战略层面凸显了艺术介入乡村建设的优势和价值。

5.4.2.1 以艺术介入增进乡村文化认同

艺术介入是一种参与性或社会性艺术介入，是一种基于田野现

[1] 王连花. 习近平乡村振兴思想略论[J]. 湖南农业大学学报(社会科学版)，2019(1)：1-9.

[2] 张新科. 文化自觉与艺术自觉——从费孝通“文化自觉”理论谈起[J]. 贵州大学学报(艺术版)，2017，31(5)：36.

场，在生活世界中生成的艺术，其更加强调艺术行动的介入性以及地方感的营造与拟真。艺术介入乡村建设有利于将当代艺术的思考带到乡村，将城市潮流同乡村特征进行融合，培养乡村民众的乡土文化认同感、自豪感，也由此探索与发展出可持续性的乡村建设实践样态及其改造模式。

第一，艺术介入对乡村文化认同含义的感性呈现。艺术介入强化了艺术在介入乡村建设层面的主导性意义，使艺术成为对乡村社会现实的现象感知、观念表达与意义建构。这缘于“艺术再现真实的世界”[1]、“艺术永远都在参与新的运动、风格、时尚”[2]。乡村文化认同实质表现为将人的主体性投射到乡村文化认知活动中，将乡村文化认同对象的存在方式转化为主体的观念性存在。这有助于通过艺术的可视性、可感性及象征性介入乡村文化认同的建构过程中，完成乡村文化认同含义的感性显现。艺术家以敬畏之心介入乡村本土文化复兴的内在逻辑之中，通过艺术介入与文化认知的互动调整与对话，表现出积极反思与主动建构的思想文化自觉，从而在改善与重塑乡村文化形质的过程中，激发乡村民众的文化主体意识，共同参与实现乡村文化修复与环境改造的构想与实践，使乡村成为一个诗意的栖居之所。如艺术家渠岩的“许村计划”，便是基于对现代性反思和对精神家园重建的思考，他说：“家乡是我们最后的精神家园，修复保护老房子，就是要恢复我们家园的荣耀，召回一百年来我们模仿西方、模仿城市所失去的神性。”他在尊重传统营造法式的前提下，运用当代技术手法修复老房子文脉，通过传统符号传承转译，让村民在保持集体记忆的基础上重建乡村全新的“生活式样”，使乡村生活更有意思和价值，让村民为自己的传统文化感动自豪并找回日渐凋敝的乡村文化自信，让乡村成为我们能回得去的理想家园。渠岩的乡建行动向我们证

[1] 高名潞. 西方艺术史观念——再现与艺术史转向[M]. 北京：北京大学出版社，2016：16.

[2] 乔治・E・马尔库斯. 文化交流：重塑艺术和人类学[M]. 南宁：广西师范大学出版社，2010：38.

明了：“艺术代表了活力，许村因艺术而被激活”。

第二，乡村文化认同开启艺术介入模式的双通道。艺术介入乡村文化认同建构模式可分为“自下而上式”与“自上而下式”两类。其中，自下而上式介入模式主要指艺术家自发主导的、具备乡村本土文化认知的内生性和非政策性介入。这种介入模式极大程度地保持对当地自然规律、历史经验、文化传统的尊重，艺术家将自身的创作理念融入当地的乡村建设，重构新的文化场景，形成新的文化话语体系，并产生一股强大的建设性力量，帮助村民能够实现文化艺术的自我生产。如日本北川佛兰策划的“越后妻有大地艺术祭”，将艺术创作融入新潟县日常生活常态，让村民做艺术祭的主角，强调作品“源自人类土地的自然艺术”和“以人为介质的艺术流动”，借助艺术地景创作整合在地的地理资源、农耕文化以及促动广域民众参与，使越后妻有成为“展示人类与自然如何建立关联的示范区”。经过若干年的努力，此项活动实现传统村落、生态博物馆、创意乡村和公共艺术的价值叠加，带动了当地经济、文化、旅游、艺术全面发展[1]。自上而下式介入模式是指政府主导的，集多种艺术形式于一体的嵌入型和政策性介入。在自上而下式艺术介入过程中，国家将现代化的理念从城市扩展至乡村，村民可能被视为需要教化和启蒙的人，其背后也隐含着外来资本主导下的经营模式与营销策略。在这样一种外援式甚至入侵式的介入方式之下，乡村或将成为城市驿站，乡村结构的多样性被简化，乡村传统文化和地域文化或将面临“被消失”的境遇。因此，这种被动接受文化修复与改造的介入模式未能从根本上锁住“乡愁”，乡村也由此可能成为城市人群“他者”眼中的理想家园[2]。

第三，艺术介入乡村文化认同的规范建构。当前，由于艺术介入乡村文化认同模式尚未形成建构规范，从而带来主体认知、动机差异等方面的诸多争议。那么，如何建构艺术介入乡村文化认同规范，促

[1] 福武总一郎，北川富郎. 艺术唤醒乡土[M]. 北京：中国青年出版社，2017.

[2] 张芳瑜，李翠霞. 艺术介入乡村文化认同建构之现实审思[J]. 东北农业大学学报(社会科学版)，2018，16(6)：36-41.

进二者间耦合关系的优化发展，进而用艺术点亮村民心中的梦想和追求呢？首先，艺术介入必须发挥村民主体作用，用文化力量召唤远走他乡的村民复归山野田园，要“让村民有尊严地生活”，使村民真正成为乡土文化创造的主人，共同参与“美丽乡村建设”的宏图伟业。其次，在艺术介入过程中，艺术家不只是创作者，也需要成为具有良好沟通能力的组织者，要抛开精英主义思想，学会倾听村民声音，与村民互动且互为主体性，点燃村民参与艺术乡建的热情与欲望。艺术家要利用艺术画龙点睛的作用，点亮村民回家的路，以艺术的力量复兴乡村。再次，政府角色定位应由传统主导者转变为服务者，在艺术介入的整体规划、资金投入、价值导向等方面发挥积极有效的服务作用，从宏观上把控艺术介入模式的正确方向。最后，艺术介入应该坚持底线思维，要避免强行植入式的“他者”乡村建构，要平衡好乡村文化保护与艺术开发之间的关系，要优先考虑如何给当地村民带来生活品质和经济效益的提升。总之，不论是“自下而上式”还是“自上而下式”，都应以内力为主，外力为辅，然后在多元主体内外结合、共同作用下，自觉建构起艺术介入乡村文化认同规范，用艺术介入去弥补那些正在失去的地方性知识与智慧，才能真正锁住“乡愁”，让艺术介入成为助推乡村建设发展的强劲动力。

5.4.2.2 以艺术介入助推乡村文化修复与改造

方李莉认为：“艺术介入美丽乡村建设的意义在于通过艺术复兴传统的中国生活式样，修复乡村价值，推动乡土中国走向生态中国的发展之路。”[1]艺术介入乡村建设的过程，要对乡村有敬畏之心，不是硬性的“侵入式”或外在的表演与教诲，而是需要因地制宜地诱发和培植乡村内在文化因子的发育和成长，促使当地文化力量与当地生活及利益的诉求得以显现。艺术介入也不是以一种“哺乳式”来改造、重构乡村，而是从乡村本来的逻辑出发，以“造血式”的艺术引导来建设

[1] 方李莉. 论艺术介入美丽乡村建设——艺术人类学视角[J]. 民族艺术，2018(1)：17-28.

新乡村。艺术介入及其社会化属性也应该是一个具有自我组织、自我调控以及自我修正等诸项功能的开放系统，一个具有内在严整性和超常生命力的有机体。

艺术介入助推乡村建设要注意三个原则：一是发现乡村价值。要对乡村现代性危机和发展代价进行反思，对城乡二元对立进行反思，对既定的艺术介入思想框架和方法路径进行反思。二是重估乡村价值。要在尊重乡村肌理的前提下，引进新的生活方式和审美方式，把乡村价值放在文化多样性和城乡共生的视野中，重估乡村在世界未来多元化发展中的主体性地位。三是修复乡村价值。乡村文化的修复与改造，就是修复乡村文化秩序，延续乡村古老精神，恢复乡村的礼俗秩序和伦理精神，为当地民众提供机会，重塑人与人、人与环境、人与社区之间的纽带。

当前，艺术乡建方兴未艾，不同团队从不同层面对乡土文化修复、乡土建筑营造、乡村环境改善以及乡村文化产业的帮扶等做出了有益的探索和贡献。比如“碧山共同体”“设计丰收”“景迈山计划”“设计下乡”等项目以当代建造方式实现地域性表达，传达了艺术介入乡村的立场、态度和价值，体现了艺术家、设计师、建筑师们对乡建实践的深入关注和思考。艺术介入为“乡村激活振兴”提供了不同于以往保守要义的创作理念，是一种基于现有体制与社会发展现状下的积极探索与实践。艺术介入成为乡村整体的表达形式，乡村物质与非物质性载体成为艺术介入载体的本质内容。对于乡村物质文化而言，艺术介入往往通过“以低成本低技术”的方式来实现“乡村生态微循环”，将即将消逝于现代洪流中的乡村传统文化根脉保存下来，并为传统文化的活化利用和乡村民众在地发展创造了机会。对于乡村非物质文化而言，一方面，其传承与发展依赖于所属族群与社区不断保持活力，村民已成为乡村非物质文化修复的主体力量。另一方面，伴随文化精英的带动或第三方力量(如NGO)的介入[1]，城市外来移民在乡村文化修复中发挥着重要作用。他们能在责任与情怀、当代性与在

---

[1] 孙君. 农道：没有捷径可走的新农村之路[M]. 北京：中国轻工业出版社，2017：119.

地性、社会性与专业性、文化价值与商业价值挖掘之间实现平衡，找到乡村非物质文化创新的切入点，并化身为当代乡村的“新乡贤”，带领村民共同参与乡村文化修复与改造工作。同时，村民在参与过程中也逐渐接受艺术文化和技能培训，其文化主体性被唤醒，并利用自身地方经验不断更新本土文化，从而共同塑造出适应现代社会发展的新乡村文化。因此，艺术介入体现了外来文化与乡村文化的共振与交流，并转化为文化互动与融合的巨大势能，促进形成互补、多元、充分、均衡的新乡村文化。但我们也要自觉认识到，外来文化在为当地人创造生活福祉的同时，也会带来“文化同化”的风险。因此，应采取“低干预”或“适度艺术介入”的方式，将培育村民的自主性和创造性作为目标来进行乡村营建，通过激活乡村内部蕴藏的自我修复能量来实现乡村文化的可持续发展[1]。

5.4.3 本土文化自觉中的乡村地域文化再造

本土文化是指由本土民众共同组成的文化，包含了地域文化和乡土文化。吴良镛说过，“地域文化是人们在特定的地理环境和历史条件下，长期耕耘、创造、演变的结果”。地域文化具有强大的包容性和创造性，在发展过程中包含了对外来异构因素的吸收、消化和转化，并在不同历史时期呈现出不同面貌。当前，中国的乡村地域文化由于受到城市化、现代化、市场化的冲击，造成传统村落被毁、地域文化内涵缺失、淳朴民风受重创、原生态文化失真等地域文化特色消失和“百户一貌”“千村一面”的窘迫景象。乡村地域文化的再造主要指内生文化的再造[2]，从发生学的角度来讲，这种以“内生”方式出现的事物是完全可以被村民用地方性知识来解释和言说的，这是本土文化自觉的表现。

---

[1] 孙九霞. 旅游循环凝视与乡村文化修复[J]. 旅游学刊，2019，34(6)：1-4.

[2] 戚晓明. 乡村振兴背景下乡村文化再造与文化自觉[J]. 艺术百家，2018(5)：94-98，116.

有越来越多的学者呼吁：“乡村不同于城市，它不能也不应成为工业文明的殖民地或城市社会结构的复制体”[1]，“让城市向乡村学习”[2]。这些都是乡村文化自觉的表现，就是要去乡村找回我们的传统，在尊重地域文化传统的基础上直面真实的乡村生活诉求，重新思考如何尊重乡村地域文化，如何强化乡村地域文化特色，如何在维持自身完整性的同时，实现乡村地域文化与外来文化的融合。本土文化实践是贯穿于乡村发展全过程的文化态度，是承担本土文化发展、民族命运和乡村前途重大责任的自觉实践。只有做到对乡村本土文化的实践自觉，我们才能避免发生类似于已经消失的古希腊文明式的文化断裂化、文化碎片化、地域文化虚无化的危险，才能确保对乡村地域文化精神的重塑和对乡村地域文化的认同。

5.4.3.1 尊重乡村地方性知识差异

地方性知识(local knowledge)不是指任何特定的、具有地方特征的知识，而是关于知识生成的理论，是一种知识观。吉尔兹“地方性知识”理论着重强调的是知识赖以存在和发挥作用的社会条件、背景及情境。也就是说，“知识具有地方性”，知识总是在特定的情境中生成并得到辩护的[3]。就“地方性知识”的哲学形态而言可归到实用主义的范畴，即强调有用性和真理的多元化与主观化，是对理性主义一元论的批判。联合国教科文组织将“地方知识”定义为来源于社会与周围环境长期互动时所发展出的理解、技能和哲学体系[4]。在乡村建设过程中，需要对乡村地方性知识予以足够关注，它们内隐于乡村民众的生活与智慧中，将乡村地方文化资源转化为可共享的文化知识，形成对地域文化建设有直接促进作用的可迭代知识系统；它们为

[1] 李人庆. 艺术乡建助推乡村振兴[J]. 美术观察，2019(01)：22-24.

[2] 王澍. 让城市向乡村学习[N]. 澎湃新闻，2016-05-30.

[3] 克利福德·吉尔兹. 地方性知识[M]. 王海龙，张家宣译. 北京：中央编译出版社，2000.

[4] 付泓潇，季铁，蒋友燏. 地方性知识平台构建中的影像设计方法应用[J]. 包装工程，2018，39(10)：41.

乡村民众的日常生活提供了行动依据，为乡村本土文化资源的高效利用和多元化发展奠定了基础。艺术介入的立场不是需要我们去拯救乡村，而是需要我们弯下腰来向当地村民学习地方性知识和传统，需要我们用乡村来接续中华文明的血脉，需要我们与当地村民一起建设他们的家园、拯救我们这些失去根脉和故乡的城市人[1]。因此，我们一定要认识到每一个村落都有自己独特的地域风貌和历史文化，都是独立的生命体。艺术介入不能用统一的建筑、统一的商业模式迅速抹平乡村地域文化的差异化和多样性。我们说"一方水土养一方人"，我们要尊重地方性知识差异，正是人的地方性知识哺育并建构了独具特色的乡村地域文化。

5.4.3.2 强化乡村地域文化特色

习近平反复强调："要推动乡村振兴健康有序进行，科学把握各地差异和特点，注重地域特色，体现乡土风情，不搞一刀切，不搞统一模式，杜绝形象工程"[2]，要使地域文化成为承载乡村文化特色的有效载体。乡村地域文化特色的展示可以从五个方面得以实现：一是尊重地域文化的"多样性"。地域文化的表达如同展现生物多样性一样，涉及当地生活的各个层面，以各种表达方式呈现绚丽多姿的人文风情，这是地域文化自身发展的内在要求，也是实现全球文化繁荣的必要条件。地域文化之间既有相通性又各具特色，每一种地域文化的经验和智慧以及信息库藏都是他者文化无法替代的[3]。二是强化地域文化的"认同性"。地域环境具有相对稳定性和孤立性，地域文化是在适应和满足地域环境等多种因素的矛盾运动中长时间调整和发展过来的，由此在相当长的时间里得以认同、保持和继承。三是塑造地域文化的"差异性"。巴克尔指出：气候、食物、土壤、地形四个自然因

---

[1] 方李莉. 用艺术激活乡土文化[N]. 中国文化报，2019-04-09.

[2] 黄耀明. 习近平新时代乡村振兴战略思想述论[J]. 闽南师范大学学报(哲学社会科学版)，2019，33(4)：1-6.

[3] 沈茜. 论贵州民族文化资源与当代大学生礼仪文化教育[J]. 教育文化论坛，2013(2)：65-68.

素影响着人类的生活和命运。除此之外，文化基因的传承与弘扬也极大地影响了地域文化的差异，譬如"十里不同风，百里不同俗"正是地域文化差异性的最好证明。在乡村建设过程中，要实施"一村一规划""一村一方案"，因地制宜地借助和利用好地域文化的独特性。四是考虑地域文化的"传承性"。这是基于对乡村地域历史文脉的尊重和对乡村传统智慧的解读。只有自觉地对乡村历史文脉加以理解利用、取舍改造和传承发展，继承弘扬乡村地域文化基因，才能实现地域文化的存在价值，发挥它的现实功用。五是表达地域文化的"乡村性"。乡村性是乡村地域文化区别于其他文化的重要属性，突出了乡村"土气、俗气、生气、朝气"的特点，满足了城里人对怀旧、自然的向往和需求。乡村性不同于城市性，它蕴含在乡村特有的聚落状态与原始风貌、信仰文化与祭祀活动、民风民俗和审美追求之中。它以农业生产生活的方式造就了特有的农耕文化景观，兼具可识别性和提取性。但乡村性的表达不能只停留在乡村表面元素的简单应用，而要注重地方感的营造与拟真，比如注重乡村景观意象和乡村文化氛围的营造，这是形成乡村地域风格特征的首要条件，也是对乡村地域文化的第一印象。

5.4.3.3 新旧共生的乡村地域文化场景再造

再造乡村地域文化场景是乡村建设的文化自觉的实践目标，也是乡村建设走向文化自觉的必然途径。乡村地域文化场景只有经过再造或重生，才最适合新时代乡村社会和乡村民众的需要，也才具有发展前景。乡村地域文化场景再造的本质是在乡村本土文化基础之上的文化创新，通过融合乡村外来文化，实现本土文化的重生。乡村地域文化场景再造体现了乡村文化向现实生活的回归，加强了村民生活和现代社会之间的联系，使乡村文化与外来文化更有效地互补与融合，为乡村建设增添了时代特色与发展活力。文化自觉作为一种深刻的文化思考、一种广阔的文化境界、一种执着的文化追求、一种具有高度人文关怀和社会责任感的文化理念[1]，正是乡村地域文化场景得以再造的保证。

经过多年的积累与探索，中国本土学者的乡村建设实践在沿着“根系本土，面向当代”的共识中，或以符号化的方式对乡村象征系统进行重新解读与演绎，或将当代文化理论与乡村地域文化特征进行结合，创作出兼具时代精神和地域特色的新乡村文化场景。譬如，建筑师王澍的“文村改造”项目是一个基于“乡村城市化”的社会实验。他立足先理解和挖掘传统文化，着眼于中国本土建筑营造哲学的建构，潜心研究将地域特色与现代文明相融合的建筑营造手法[2]，探索出了一种将本土材料、传统建造工艺与现代技术相结合来反映建筑文化的设计策略和方法，使乡村设计呈现出一种新旧混合、古朴自然与现代时尚相统一的形态，一种联系历史与当代，能够满足未来可持续性发展的“新传统设计”。在当下艺术介入乡建的过程中，艺术家的本土化实践模糊了本土与外来、新与旧等一系列二元对立的概念界限，在尊重和继承地域文化的态度下寻求一种差异性的、生态化的当代表达。就是通过因地制宜、就地取材、变废为宝、回收利用、适宜技术的方式，在新与旧之间建立某种内在联系，实现地域文化符号的现代转译，从而达到一种新旧共生的状态[3]。这种“新旧共生”的再造策略打破了以往的乡村建设逻辑，它是在城市化、现代化背景下的现实场域中构筑出一种能与地域文化生态、历史文脉、权力网络和信仰体系发生持续关系的能量源，为乡村地域文化场景更新提供了一种新的可能。

[1] 赵光辉. 生态文化：人类生存样态的文化自觉[J]. 鄱阳湖学刊，2017(4)：67-71.

[2] 王飞，王永亮. 解读本土建筑师王澍的建筑观[J]. 城市建设理论研究(电子版)，2012(16)：76-77.

[3] 邓诗雨. 让乡村建设回归乡土文化——基于磐安农房改造的观察与反思[J]. 温州大学学报(社会科学版)，2019(9)：48-55.

5.5 乡村多元文化和谐共生的生态自觉

从文化哲学的视角看，文化生态(cultural ecology)是指“一定社会文化大系统内部诸多文化样态之间相互联系、相互影响、相互制约的方式和状态”[1]。乡村文化生态自觉是指对乡村文化生态的自觉，就是我们要自觉地去了解不同文化在乡村的生存状态，包括乡村文化与外来文化之间、不同乡村文化之间，还有乡村文化内部之间的关系，要自觉地把握文化选择从冲突统一论向和谐多样论转变的乡村文化多元化发展趋势。我们还要认识到，乡村文化多元化的到来不会导致乡村文化的一元化，而只能强化乡村文化多样性，其所引发的文化冲突也只是暂时的，最终会走向和谐。正如霍克海默和阿多诺在《启蒙辩证法》中强调的：“简而言之，矛盾原理就是秩序。”从某种意义上说，矛盾冲突就是走向和谐秩序的一个途径，和谐是化解冲突的方法论。走向“和谐共生”的境界，不仅是乡村文化的选择，也应成为中国文化选择的共同理念。我们只有对这种多样和谐的乡村文化生态新格局有所自觉，才能做出正确的文化选择，才能处理与解决好乡村多元文化生态的发展问题。

5.5.1 以文化生态自觉维护乡村的文化多样性

文化多样性(cultural diversity)被定义为各群体和社会借以表现其

[1] 孙卫卫.文化生态与先进文化的发展[J].理论探索，2004(3)：21-22.

文化的多种不同形式[1]。联合国教科文组织在《世界文化多样性宣言》(2001年)中强调,“文化多样性是交流、革新和创作的源泉,对人类来讲就像生物多样性对维持生物平衡那样必不可少[2]。尊重和保护文化多样性首次被提升到国际社会应接受的基本伦理准则高度,也成为维护世界和平发展的保障和人类社会不断进步的标志。

中华民族文化的多样性在乡村。乡村的文化多样性是指乡村的文化形式的多样化。乡村历史进程中人及其活动的多样性,决定了乡村的文化形态也是纷呈多样的。乡村不同时代、不同地域、不同民族的文化都存在着独立性和差异性,保留着乡村原住民文化的特色,这是很难改变的本质属性。即使同一种文化现象,在乡村不同的文化中也可以得到不同的解释,获得不同的文化意味。正是存在着乡村文化的独立性和差异性,才会使乡村发展呈现出丰富多彩的文化场景,体现出乡村文化多样性。在全球化语境下,尊重与保护乡村文化多样性,推动乡村不同文化发展与交流,能够创造一个更加和谐的乡村社会。在某种意义上而言,文化生态自觉下的乡村建设是维护乡村文化多样性的客观要求,尊重和保护乡村文化多样性是实现乡村文化繁荣的必然要求,也是实现乡村民族团结、平等的基础。

5.5.1.1 乡村文化多样性的主要表现

乡村文化多样性的表现是我们在乡村日常生活中很容易感知到的,其主要表现在三个方面:一是乡村文化形式的多样性。乡村文化形式主要包括乡村文化产品、乡村文化活动、乡村文化观念三种基本形式。乡村文化产品形式是乡村不同历史时期、不同民族文化系统中诞生的“果实”,并通过乡村文化活动形式得以保存和传递。乡村文化活动形式背后是乡村文化观念形式的支配与指导,所以文化观念的差异是不同乡村文化之间差异的根本。三种乡村文化形式并不处在同一

[1] 孙晓天.辽宁地区玛祖文化调查研究——以东港市孤山镇为例[D].北京:中央民族大学,2011:24.

[2] 周文华.世界文化多样性的形成、意义及困境[J].齐鲁学刊,2014(1):71-75.

层次上，其中，乡村文化产品以"形"为体，处在文化的显性部分；乡村活动形式以"样"为导，处在文化系统的中层，成为文化系统内、外层沟通和转化的中间环节；乡村文化观念以"魂"为引，处在文化系统的深层，是文化的隐性部分。三者既相对独立又相互依存，共同构成了一个有机联系的乡村文化生态系统。二是乡村民族文化的多样性。民族文化渗透在乡村的历史与现实之中，是乡村不同民族生存与发展的精神根基，也是民族间区别与差异的"遗传密码"。"每个民族都有自己独特的文化"，"每一种文化都有必须得到尊重和维护的尊严和价值"[1]。不同乡村民族文化的多样性构成了世界文化生态系统的基本特征。中国乡村的民族文化多样性是中国乡村民族地区客观存在的事实。乡村民族文化的多样性表现往往会超越时空，但其本质的东西还是根深蒂固、一以贯之，并在民族内部薪火相传，成为一种凝聚不散的精魂和推动乡村社会进步的不竭动力，造就了乡村鲜明的民族特色和文化传统。三是乡村地域文化的多样性。斯图尔德认为，"正是由于生态环境的差异，才导致了不同地区的人们采取了不同的适应方式，从而产生了各地多姿多彩的文化"[2]。乡村不同的地理环境和不平衡的社会发展以及多民族的特点，造就了乡村地域文化的丰富性和差异性。

5.5.1.2 文化自觉是维护乡村文化多样性的必由之路

文化自觉既是对自身文化的认识，也要理解和接受所接触到的多种文化，实现多元文化的和平共处。乡村建设的文化自觉之路既是乡村文化自主发展与创新之路，也是同外来文化共同发展与繁荣之路。只有实现乡村文化自觉，才能尊重和维护乡村文化多样性，才能对乡村文化多样性之意义结构的现实展开提供一些思路。首先，是乡村不同文化的自我肯定，做到"各美其美"。就是乡村不同文化要自我认同和保持自我个性，各自有一套自己认为是美的东西。有些东西从他者

[1] 《原则宣言 · 世界文化大会》，第一条第一款、第三款.

[2] 庄孔韶. 人类学概论[M]. 北京：中国人民大学出版社，2006.

视角看来不一定美，但是通过文化间平等地交往之后，人们才开始发现他者觉得美的东西自己也觉得美，由此并辨识出自己的“美”而不是“丑”时，“各美其美”才是有意义的。所以，“各美其美”说明尊重文化多样性，要尊重自我的文化，培育好、发展好自我的文化，发展自我文化也是尊重文化多样性的内在要求。其次，是乡村不同文化的相互欣赏，做到“美人之美”。就是乡村不同文化之间要进行交流对话，要尊重他者文化，并且“像各群体自己的成员那样欣赏和领悟他们所爱好的价值体系”[1]，也意味着要承认文化多样性。“美人之美”必须遵循不同文化一律平等的原则，这是高一级的境界，是在“文化自觉”基础上的“文化他觉”，是在充分认识自我文化基础上的尊重差异、理解个性、和睦相处。最后，尊重和保护乡村的文化多样性，必须坚持好四个原则。一是坚持保护优先的原则。要自觉充分认识到乡村传统文化保护的紧迫性，切实做好乡村民族传统文化的保护工作，维护好乡村民族文化的多样性，正如哈维兰所说：“单一世界的文化将是乏味且令人担忧的，它缺乏多样文化中所具有的丰富性和多样性。”[2]二是坚持一分为二的原则。要切实建立起乡村文化自觉，无论是对待传统文化还是现代文化、本土文化还是外来文化，都要以一分为二的态度进行认真对待，要分别采取不同的态度，积极结合时代精神去博采各种文化之长，这正如蔡元培先生所说：“一民族文化，能常有所贡献于世界者，必具有两条件：一来以固有之文化为基础；二来能吸收他民族文化以为滋养料。”[3]三是坚持辩证统一的原则。必须摒弃二元对立的思维，处理好传承与发展的关系。乡村文化传承是一个动态的过程，乡村文化发展愈是整合了不同的文化特质，就愈具有强大的生命力。所以，鲁迅先生的“拿来主义”在今天仍然实用。四是坚持多样性统一原则。一方面，别林斯基指出，“愈是民族的，就愈

[1] 张新科. 文化自觉与艺术自觉——从费孝通“文化自觉”理论谈起[J]. 贵州大学学报(艺术版)，2017(10)：34-37.

[2] 哈维兰. 当代人类学[M]. 王铭铭等译. 上海：上海人民出版社，1987：598.

[3] 徐泳霞. 蔡元培与林风眠交往与合作爬梳[J]. 南京工程学院学报(社会科学版)，2015，15(2)：40.

是世界的”。这意味着在保持文化独立性的同时要维护文化多样性，促进多元文化共同繁荣发展。另一方面，新时代中国乡村建设也不是简单地建设单一的文化模式，而是要实现乡村多元文化的多样性统一，唯有如此，才能通达“美美与共，天下大同”这一文化自觉的最高境界[1]。

5.5.2 以文化自觉促进乡村文化生态的和谐

乡村文化和谐问题是乡村社会关系的核心问题。通过对乡村文化生态的自觉来促进乡村多元文化和谐共生，就是要重新调整和理顺乡村文化生态发展的整体思路，这是乡村建设的重要使命。从文化自觉的视角看待乡村文化生态问题，一方面，要对构成乡村文化生态系统的多元文化关系进行梳理，从而对乡村文化有更全面和深入的把握；另一方面，要透过乡村文化生态的外部表现去揭示其内在规律，认识到乡村文化生态的整体平衡是乡村文化发展的重要原则，而文化自觉是促进新时代乡村多元文化生态和谐发展的前提和基础。

5.5.2.1 “美美与共，天下大同”是乡村文化生态和谐的目标与归宿

工业化、现代化、城市化引发的乡村生态危机造成了“天人对立”，文化生态自觉就是要强调重建“天人和谐”，要让那些曾经被贬低的他者文化得到承认，将“美人之美”升华到“美美与共”的境界。人们不仅能包容和尊重不同价值标准的存在，还能够将不同的价值标准融合起来，建立起共同的价值标准，从而实现乡村多元文化的“天下大同”，体现出乡村建设是一种多元文化和谐发展的理想状态。

第一，在乡村多元文化交互中缓解文化冲突。

文化冲突指的是基于多元存在的不同文化体系之间的差异及由此引发的竞争、对抗甚至企图消灭对方的状况。乡村文化冲突之所以发

[1] 刘化军，郭佩惠. 保护文化多样性是文化自觉的重要主题[J]. 兰州学刊，2010(5)：205-208.

生，在于乡村多元文化之间有不同的价值目标和价值取向，并且常常各自以自己的文化为优越，视其他文化为危险物，这就忽视了文化交往的多元文化性。为此，我们倡导建构文化冲突背景下的乡村多元文化“交互语境”，而不是各种独立的、单向的文化语境，这为乡村他者文化呈现或自我文化凸显提供了新的语境空间。就是在处理乡村文化冲突时，对冲突有关的各种因素及其内在联系进行全面考察、系统分析，描述多元文化互动与融合过程中的涌现特征，在有机系统和多元关联中调和与化解文化冲突，实现“文化中心主义”与“文化合作主义”之间的交互与转化。具体来说，就是在乡村文化与外来文化、传统文化与现代文化、乡村文化内部的大众文化、精英文化与主流文化之间的冲突中，要通过多系统、多层次、多维度的文化交往与互动来实现缓和，进而寻求统合，结成一个具有共生结构的生态链。在乡村多元文化交互中，如果借助强势文化打击异己文化或者弱势文化，则必然导致文化冲突的加剧。正如坎默所说：“人类的许多不幸与痛苦，往往都是由于一些人将自认为是真、善的东西强加于他人。”[1]文化的多元冲突是不可能以“暴力”的方式来消解的，不论是“强势文化”还是“弱势文化”，交互与融汇才是唯一的出路。事实上，乡村文化也只有遵循自下而上的多元文化互融性原则，才能更具活力。因此，我们既不能要求以某一种文化来统摄乡村，也不能期望一劳永逸地消除新时代中国乡村建设的文化冲突，而只能从文化交互的动态语境特征出发进行理解和把握，寻求和建构乡村多元文化语境下文化交往所需的共知共识。

第二，实现乡村不同文化之间的“美美与共，天下大同”。

“各美其美”“美人之美”是对文化参差多态、共处共荣关系的概括，但是还难以达到通过不同文化的相互欣赏来消除文化冲突的目标。“美美与共、天下大同”则是结束矛盾与对抗，实现文化和解与共生的终极目标。即天下大同作为人类社会的共同追求，是人类文明融合演化的最高点，尽管它不可能在短期内实现，但它是可以付诸实施

[1] 查尔斯·L.坎默.基督教伦理学[M].北京：中国社会科学出版社，1994.

的理想国[1]。从"各美其美"到"美人之美"，再到"美美与共、天下大同"的三个阶段，大体经历了以自我文化为中心、崇拜他者文化、兼收并蓄三种境界，在内在逻辑上，这是一个处理文化冲突方式日益理性化的递进过程。在乡村建设领域，这三个阶段的中心议题有两个：一是如何把握乡村不同文化之"美"。"各美其美"是各自懂得欣赏自我文化之"美"，"美人之美"是包容欣赏他者文化之"美"，二者都着眼于乡村不同文化之间的特殊性或个性之"美"。"美美与共"则是坚持乡村不同文化之间的普遍性或共性之"美"，是不同之"美"相互欣赏、融合的结果。"美美与共"作为处理乡村不同文化之间的共处原则以及乡村文化多样性的最高境界，说明尊重乡村文化多样性是实现乡村文化繁荣的必然要求。二是如何把握乡村不同文化之"共"美。一方面，乡村不同文化之间的"共"美，是基于"共处"原则的美美互动，它不是排他的、唯我独尊的，而是具有倾听、模仿、学习他者等特征，需要经历一个漫长的融合过程[2]。正如当下中国乡村流行的"西方文化"本身也是众多文化"共"美的结果。因此，在乡村不同文化交流日益深入的今天，我们必须坚持开放包容、和平发展的坚定信念，树立"文化共同体"意识，在交流中建立共识，如此"美美"才能"与共"，才能真正为乡村文明进步带来思想启迪。另一方面，乡村不同文化之间的"共"美，是一种涉及乡村不同文化之间的现实选择与政治理想。这就要求我们不能否定乡村多元文化的存在、夸大不同文化之间的差异性，而是宽容对待相异文化，在平等相待、相互尊重的基础上积极对话、凝聚共识，如此"与共"才能"大同"，才能真正赋予乡村社会生活以秩序感和意义感，维护乡村和谐发展，最终走向未来的大同社会。

5.5.2.2 文化自觉是实现乡村多元文化和合共生的重要途径

"和合共生"是充满哲理的发展思想。"和合"语出《国语》《管

---

[1] 李敬东. 美美与共，天下大同——当代世界多元价值观的冲突及和谐进路[J]. 南京政治学院学报，2008(1)：38.

[2] 单世联. 多样性：文化讨论的起点[J]. 上海采风，2014(12)：92-93.

子》。"和"表示不同事物、不同观点的相互补充，是新事物生成的规律。"和""合"互通，取"相异相补，相反相成，协调统一，和谐共进"之意[1]。"和合共生"倡导的是和谐发展、共生共荣。实现和合共生需要文化自觉，文化自觉是实现新时代中国乡村多元文化和合共生的客观认知前提。唯有增强文化自觉，才能坚持乡村多元文化和合共生的正确方向，自觉地认可并尊重异文化生存的权利；唯有增强文化自觉，才能真正反思自我、认识自我，获得思想和行动上的自觉，才能坚守自己的长处、不泯灭自己的个性，自觉地创造多元文化共生共存的文化格局。在文化自觉的前提与基础之上，我们应坚持走城乡文化融合之路，促进城市文化与乡村文化的和合共生；坚持文化生态和谐，促进乡村主流、精英和大众文化之间的和合共生；坚守文化地域特性，促进乡村不同地域文化的和合共生；坚守乡村文化主体立场，促进乡村文化与外来文化的和合共生。

第一，推进城乡文化融合，促进城市文化与乡村文化的和合共生。

城乡只有地域与生活方式之别，绝无高低优劣之分。统筹城乡优质元素互动与促进城乡文化融合发展是乡村文化建设的重要内容和主要动力。一是要加快实现城乡基本公共服务均等化[2]。各级政府必须树立城乡文化融合发展理念，制定统筹协调的城乡文化融合发展政策，打破城乡二元文化格局。要全力推动文化基础设施建设向乡村延伸，加大对乡村文化公共服务设施、乡村文化人才队伍、乡村文化场景提升等项目的建设力度，使城乡之间资本、人才、技术等要素的流动更加自由和畅通。二是要加快建立城乡文化互哺机制。要实施"以城带乡"工程，深入贯彻落实"城市支持乡村、工业反哺农业"的政策，促进城乡文化认同与情感共鸣，确保城市文化与乡村文化的良性互动。要建立"三下乡"活动的长效机制，有针对性地将城市文化资源引向乡村，使大多数村民都能享受到现代都市文化的熏陶[3]。三是要

[1] 刘艺娃. 共享发展的中国传统哲理依据探论[D]. 郑州大学，2019：36.
[2] 陈国强. 城乡基本公共服务均等化的法治化[J]. 改革与开放，2019(1)：55-58.
[3] 周军. 新时期乡村文化建设的运行系统及其建构策略[J]. 新视野，2013(4)：82-85.

加快探索城乡文化援助机制。要动员社会各界力量，大力推进乡村文化扶贫战略。城市文化在改变乡村社会愚昧与无知的同时，还要承担改造乡村文化负面价值观念的责任。但乡村文化也不应成为城市文化的附庸，乡村特有的生态、休闲、旅游、教育、文化等新功能，是吸引城市要素向乡村流动的文化资本和重要动力，要用乡村优秀文化品格荡涤城市文化中的浮躁、功利与世故[1]。新时代城乡文化融合发展过程是城乡文化价值重塑的过程，只有坚持走城乡文化融合之路，才能超越旧有的文化选择范式，促进城市文化与乡村文化的和合共生；只有坚持城市文化与乡村文化的互促互进、共生共存，才能超越城乡文化的二元对立，自觉反映时代需要和文化发展需要，形成城乡文化优势互补和"城乡一体化"发展的新格局。

第二，坚持文化生态和谐，促进乡村主流、精英和大众文化之间的和合共生。

从新时代乡村文化的整体格局来看，乡村主流文化和精英文化的影响力在减弱，乡村大众文化在崛起，三者之间存在着不同程度的矛盾与冲突，单个文化类型单独发挥的作用和影响有限，引发了乡村文化生态的失衡。文化生态具有结构性和系统性，往往牵一发而动全身，因此，只有增强文化自觉，树立乡村文化生态整体观，坚持不同类型文化和谐发展，才能将其作用发挥到最大化。一方面，要着眼于乡村文化生态的整体平衡。必须重构乡村文化生态格局，形成"科学的文化权力结构"，推行"权利为民所赋"。最为平衡的理想状态是乡村主流文化占据核心位置、起着主导作用，代表该生态系统中的先进文化方向，并引导乡村精英文化和大众文化不断发展升华。而精英文化和大众文化不断以主流文化为导向来激励、补充和提升自己，并不断加强自身的参与度和话语权。另一方面，要处理好乡村文化生态发展中各种内部和外部因素的相互关系。要在乡村主流文化、精英文化和大众文化之间建立一种并行不悖、相辅相成的关系，呈现出各自独

[1] 刘志刚. 乡村振兴战略背景下重建乡村文明的意义、困境与路径[J]. 福建论坛(人文社会科学版), 2019(4): 15-20.

立而又相互牵制的一种动态平衡和稳定状态，使乡村文化生态发展沿着乡村文明的轨道运行，各自发挥在乡村现代化事业中的建设性作用。同时，要协调乡村文化生态发展与经济效益、生态环境、文化软实力的关系，自觉保持乡村文化生态关联的稳定性与长期性，积极构建乡村多元文化的和合共生关系。

第三，加强多元融通认同，促进乡村不同地域文化的和合共生。

乡村文化中的地域性差异是非常大的，同一地域的文化生态、文学、艺术、习俗、习惯等文明表现，构成了地域性乡村文化和合共生的基础。但同一区域的文化也可能存在多种异质变化，当前现实中存在的乡村文化同质化现象，一定程度上便是忽视地域文化差异所致。伴随着知识经济的兴起，地域文化已经成为增强区域竞争能力的重要力量。开展乡村不同地域文化之间关系的研究，不是“你短我长”“我早你晚”“我高你低”的竞争，而是为了更好传承和弘扬地域文化中的精华内容和优秀因子，发挥各自优势，共同推动区域政治、经济、文化、社会、生态的全面发展。乡村文化的发展更是离不开不同地域文化之间的“多元融通”。强调“多元”，多元是要素和动力，是为了突出每个地方的文化都有被保存和被尊重的价值；强调“融通”，融通是主线和方向，是为了顺应经济全球化的发展趋势，两者辩证统一。乡村不同地域之间的文化越是大胆地开放交流、合理地汲取融合，越有助于乡村文化的整体进步与和合共生。一是要弘扬地域文化精神。地域文化精神反映了地域性的文化性格，构成了不同地域文化和谐共生的心理情感基础。要把传承弘扬地域文化精神作为不同地域乡村文化多元融通的关键，在不同地域文化的共同发展中发挥凝魂聚气功能，让地域文化精神传承构成乡村多元文化和合共生的内在动力。二是要推进不同地域的文旅融合。以文化做内容、旅游做市场，以文促旅，以旅彰文，促进不同地域文化和旅游的和合共生、协同并进。文旅融合要从市场需要出发，对不同地域文化资源进行选择、挖掘与整合，打造具有知识性、普及性、观赏性、趣味性、互动性特点的“热文化”，带动区域文化产业的可持续发展。三是要坚持先进文化发展方向引领。这绝不是以推陈出新、消灭落后之名否定不同地域之间的乡村文化，而是以先进文化方向引导文化交流、化解文化冲突、进行文化创造，保证不同地域的文化能在横向互动和纵向发展中维持自身特色与体系，并能很好地保存于人们的记忆中。没有先进文化引领，不同地域文化发展就会丧失共同的价值观基础，处理不好文化特殊性与普遍性的关系；不同地域文化的多元融通就会偏离健康的发展方向，丧失鉴别文化优劣和凝聚文化精神的作用。

第四，恪守文化主体性，促进乡村文化与外来文化的和合共生。

在乡村多元文化共生的背景下，一方面，我们必须看到乡村文化与外来文化的差异性，通过彼此了解和双向互动，在博采众长的资源摄取中，打破彼此的文化立场和价值判断，为乡村多元文化的未来发展提供更多的可能性。另一方面，我们必须认识到乡村文化是乡村多元文化共生的文化主体。乡村文化可以汲取外来文化之长，但并不等于外来文化能够替代乡村文化的主体性价值。在外来文化中，无论是西方文化还是城市文化本身都带有某种根深蒂固的价值标尺，这不利于乡村文化的主体性的建立[1]。而文化自觉的诉求就在于一种"文化主体性"，即强调文化的"我们性"而不是"他们性"。因此，我们恪守乡村文化的主体性，就是要增强乡村文化的自明性、自主性和能动性，主动选择乡村文化发展道路，把握乡村文化发展方向，拥有推动自身发展的文化领导权，真正做到乡村建设的文化自觉、文化自信和文化自强[2]。

乡村文化发展的主体性，首先体现为乡村文化发展的自明性。就是我们要做到对自身文化的历史认知、现实评价与未来预期的统一，深知自身文化的优劣，平和冷静地面对乡村多元文化差异与共同隶属，摒弃攻乎异端的文化立场。文化没有"先进""落后"之分，每一种文化都有被保存和被尊重的必要。乡村文化与外来文化的对话与交

[1] 樊志辉，周晓莹. 文化自觉与面向他者——当代中国哲学的建构与探索[J]. 社会科学战线，2019(12)：9-15.

[2] 蒋朝莉，李凌. 以高度文化自觉、文化自信推进社会主义核心价值体系建设[J]. 探索，2013(1)：18-20，31.

流在共时性与历时性的交错中川流不息，乡村文化可能会变换新的样态，但它绝不会消失，更不会丧失自身的生命力。其次体现为乡村文化发展的自主性。就是在处理与他者文化关系时，不以他者的意志为准则、不以他者的审美为标准、不以他者的好恶为裁判，抵制和反对“以洋为尊、以洋为美、唯洋是从”的“西方文化中心论”，乡村文化必须以文化主体身份采撷古今中外文化精华，不断书写乡村文化新文本。吸收外来忘记本来，外来文化就会演变成殖民文化；吸收外来不忘本来，外来文化就会具有乡村文化的形式并与乡村文化融为一体[1]。因此，只有确立自身文化的自主性才能既避免乡村文化封闭僵化，又避免外来文化渗透入侵。最后体现为乡村文化与外来文化发展的互补性。吉尔兹曾写道：“用别人的眼光看我们自己可悟出很多令人瞩目的事实，承认他人也具有和我们一样的本性则是一种最起码的态度。”[2]这说明，可以借助于对“他者”文化的认识反过来观照“我者”文化，在与“他者”的文化比较中更清楚地了解并突出“我者”的特点，从而对双方的文化价值做出比较客观理性的判断。也只有具备这种“文化互补”的意识，双方才能在面对“他者”时避免偏见和传统的想象，避免造成文化的对立[3]。乡村文化与外来文化交流互鉴的过程，是文化主体本质力量生成累积的过程，文化主体在走出自我、走向他者的过程中，并不是为了将多元文化他者整齐划一，而是在差异中反观自身文化以实现更大的价值。因此，通过乡村文化与外来文化的互补性发展，双方能够从容对话、美美与共，而且能够根据各自发展需要，在融合与引领的辩证统一中去建构自身的文化价值目标，从而实现双方在真正意义上的互补与创新，共同走出一条和合共生之路。

---

[1] 徐之顺，胡宝平. 文化自觉、文化自信与城乡文化和谐共生[J]. 南京师大学报(社会科学版)，2018(6)：5-11.

[2] 吉尔兹. 地方性知识[M]. 王海龙，译. 北京：中央编译出版社，2000.

[3] 胡一. 跨文化视野中的交际学研究[M]. 厦门：厦门大学出版社，2006.

6

结　语

新时代中国乡村建设的进程和成效，不仅关系到国家乡村振兴战略和农村全面建成小康社会的目标实现，而且关系到中国梦的实现和中华民族的永续发展。尽管我国历经40多年改革开放的洗礼，当代乡村总体格局已然发生了显著变化，顶层设计也日益完善并取得了历史性成就，但依然面临着文化自觉缺失的严峻形势。

本书结合文化自觉的内在逻辑和文化认识论的高度，从价值、主体、发展、实践、生态五个维度剖析了当前我国乡村建设存在的文化自觉缺失问题。从价值维度看，存在着文化精神虚无、乡村民间信仰缺失、乡村文化价值观缺失等问题；从主体维度看，存在着村民内生动力不足、乡村多元主体没有形成合力等问题；从发展维度看，存在着乡村传统文化失序、乡村文化认同缺失等问题；从实践维度看，存在着地域文化特色缺失、文化景观同质化等问题；从生态维度看，存在着乡村文化多样性缺失、乡村建设的文化生态失衡等问题。这些问题已经成为影响和阻碍新时代中国乡村建设发展的瓶颈所在。有鉴于此，本书提出了从价值自觉、主体自觉、发展自觉、实践自觉、生态自觉五个方面探讨乡村建设的文化自觉缺失问题的解决路径，践行新时代中国乡村建设的文化自觉之路。这是本书的重点，也是创新之处，具体表现在以下五点。

第一，在“价值自觉”维度层面，本书通过分析乡村传统文化的价值危机及其表现，一是提出了坚持以社会主义核心价值观引领乡村文化建设，引导广大乡村民众树立正确的历史观、文化观、价值观，不断增强乡村民众的凝聚力和向心力[1]。二是提出以乡村民间信仰复兴推动乡村精神家园重建，深入推进乡村精神文明创建活动，驱动乡村优秀文化精神再现。三是提出了以文化自觉重建乡村文化价值的具体路径，即重建乡村文化认同价值，树立乡村文化主流价值，展现乡村文化自信价值，守护乡村生态文化价值和开发乡村文化产业价值。彰显了乡村文化作为中华优秀传统文化的重要组成部分，在民族心理

[1] 黄松. 推动新时代乡村文化振兴的路径[N]. 广西日报，2020(1).

和文化传承中有着重要和独特的价值，表征出新时代中国乡村文化发展的价值自觉。

第二，在“主体自觉”维度层面，通过对乡村建设发展中实践主体的确证，实现了乡村文化实践主体与外来文化实践主体的有机统一，改变了中西体用二元论说的弊端。本书将“主体间性”理论应用于乡村建设领域，强调以主体性的文化自觉激发村民内生动力，以主体间性的文化自觉协同推进乡村建设，积极构建多元主体合作共治型的乡村建设机制，从而明确了新时代中国乡村建设多元主体建构的主体自觉。

第三，在“发展自觉”维度层面，新时代中国乡村建设的现实主题和时代使命，注定要培育和建立对于母语文化的认知和理解，着眼于乡村文化的生存和发展的这个前提。而文化自觉的焦点和关键就在于对乡村文化“发展问题”的多维度深层解读，其具体表现为：一是以文化自觉推进乡村优秀传统文化的传承。从明确乡村优秀传统文化传承的意义，筑牢乡村优秀传统文化传承的教育基础和建立乡村优秀传统文化传承的长效机制三个方面加以阐述。二是以文化自觉推动乡村文化的创造性转化。先是论证乡村传统文化进行创造性转化的可能性，然后提出乡村传统文化进行创造性转化的具体路径。三是以文化自觉推动乡村文化创新性发展。本书主要从传承传统文化、融合外来文化两方面探讨如何推动乡村文化的创新性发展。

第四，在“实践自觉”维度层面，乡村建设的文化自觉的形成与发展，离不开乡村本土环境、文化氛围的引导和熏染。对乡村本土文化实践的自觉，能够加深村民对本土文化精髓的发掘与感知，强化人们的乡村本土文化认同，促进乡村本土文化场景的建构。在对乡村本土文化实践的自觉问题上，本书提出了以本土文化自觉促进乡村文化基因的继承与延续，以艺术自觉助推乡村文化修复与环境改造和乡村地域文化再造的实践自觉三条路径，其中，乡村地域文化的更新与再造是乡村建设的文化自觉的实践目标，也是乡村建设走向文化自觉的必然途径。乡村文化只有经过再造或重生，才最适合新时代乡村社会和乡村民众的需要，也才最具有发展前景。

第五，在"生态自觉"维度层面，就是我们要自觉地去了解不同文化在乡村的生存状态，包括乡村文化与城市文化之间的关系，乡村主流文化、精英文化和大众文化之间的关系，乡村不同地域文化之间的关系，乡村文化与外来文化之间的关系等。我们只有对当前的乡村文化生态新格局有所自觉，才能做出正确的文化选择，从而更好地运用和把握文化选择从"冲突统一论"向"和谐多样论"转变的发展趋势[1]。本书提出以文化生态自觉维护乡村的文化多样性，以文化自觉促进乡村文化生态的和谐两条实践路径，同时指出，"美美与共，天下大同"是乡村文化生态和谐的目标与归宿，我们需要坚持"和而不同"的文化观，走出一条乡村多元文化"和合共生"之路。

新时代中国乡村建设的文化自觉的内在逻辑和实然的历史条件，决定了新时代中国乡村文化建构的现实取向，既要从乡村文化传统中汲取营养，又要充分吸收外来文化的优秀成果，在面向现实、面向世界、面向未来的广阔文化视野中，转变乡村民众对乡村文化的固有认知，带动可持续地自下而上的内生力量。

笔者根据选题需要，主要考察文化自觉研究对象的关切和需要，重点聚焦乡村建设领域的文化问题研究，对乡村建设其他领域问题的考察可能也不够全面，而乡村建设领域的文化问题是同经济、政治、社会、生态等问题紧密相连的，是你中有我、我中有你的交叉关系，如果在经济、政治、社会等层面不进行深入地联系和比较研究，对文化问题的一些看法就可能比较片面和粗浅。另外，乡村建设的文化问题本身也是错综复杂、涉及面广，本书必须进行取舍并将重点放在学术史中较为需要的部分，或学界还没有形成清晰理论脉络的部分，即针对新时代中国乡村建设的文化自觉问题展开重点研究。本书试图向人们呈现出一幅乡村建设发展与文化自觉之间的逻辑关系图景，并针

[1] 付秀荣. 和谐多样：当代中国的文化选择[D]. 长春：吉林大学，2005：148.

对当前乡村建设面临的文化自觉缺失问题进行深入剖析，揭示问题背后的机理，提出问题的解决方案，研究具有宏观性、针对性、探索性的特点，但由此构建的乡村建设的文化自觉研究框架可能还不够深入和系统，希望通过这种努力和尝试能够起到抛砖引玉的作用，从而吸引更多的学者关注这方面的研究[1]。

乡村建设的文化自觉研究事关乡村发展道路的选择和乡村文化自信的程度，也事关全球化背景下提高中国文化软实力的迫切需要。在后续的研究中，笔者将深入学习贯彻习近平新时代中国特色社会主义思想，特别是其乡村文化建设思想、生态文明思想、人类命运共同体思想对当下中国乡村建设的重要启示和指导意义；并将在乡村建设的文化价值体系、制度文化自觉、文化教育自觉、文化产业建设等方面开展进一步的拓展和深入研究，因地制宜地提出更有针对性的对策和建议，为乡村建设的未来发展提供更多有益的研究思路和研究成果。

[1] 姜瑞林. 当代中国社会进步的文化困境与文化选择[D]. 石家庄：河北师范大学，2016：90.

参考文献

一、经典著作

[1] 马克思恩格斯选集：1-4卷[M].北京：人民出版社，2012.

[2] 马克思恩格斯全集(第20卷)[M].北京：人民出版社，1971.

二、党的文献

[1] 习近平.论坚持推动构建人类命运共同体[M].北京：中央文献出版社，2018.

[2] 中共中央文献研究室.党的十九大报告辅导读本[M].北京：人民出版社，2017.

[3] 中共中央文献研究室.习近平关于全面建成小康社会论述摘编[M].北京：中央文献出版社，2014.

[4] 中共中央文献研究室.习近平谈治国理政(第1卷)[M]北京：外文出版社，2014.

[5] 中共中央文献研究室.习近平谈治国理政(第2卷)[M].北京：外文出版社，2017.

[6] 中共中央文献研究室.中国共产党第十九次全国代表大会文件汇编[M].北京：人民出版社，2017.

[7] 中共中央宣传部.习近平总书记系列重要讲话读本[M].北京：学习出版社，2016.

[8] 中共中央宣传部.新时代面对面[M].北京：学习出版社，2018.

三、报纸文献

[1] 中共中央国务院关于实施乡村振兴战略的意见[N]. 人民日报, 2018-02-05(01).

[2] 中共中央国务院印发《乡村振兴战略规划(2018—2022年)》[N]. 人民日报, 2018-09-27(01).

[3] 习近平. 在纪念马克思诞辰200周年大会上的讲话[N]. 人民日报, 2018-08-05(02).

[4] 习近平. 决胜全面建成小康社会夺取新时代中国特色社会主义伟大胜利——在中国共产党第十九次全国代表大会上的报告[N]. 人民日报, 2017-10-18.

[5] 李涛. 习近平主持农村改革座谈会: 加大推进新形势下农村改革力度促进农业基础稳固农民安居乐业[N]. 人民日报, 2016-04-29(01).

[6] 中共中央国务院关于加快推进生态文明建设的意见[N]. 人民日报, 2015-08-06(01).

[7] 习近平. 在庆祝中国人民政治协商会议成立65周年大会上的讲话[N]. 人民日报, 2014-09-22(02).

四、国内学者专著

[1] 陈军科. 人的解放与文化自觉[M]. 银川: 宁夏人民出版社, 2007.

[2] 陈序经. 中国文化的出路[M]. 北京: 中国人民大学出版社, 2004.

[3] 邓晓芒. 康德哲学讲演录[M]. 桂林: 广西师范大学出版社, 2005.

[4] 方李莉. 艺术介入美丽乡村建设——人类学家与艺术家对话录[M]. 北京: 文化艺术出版社, 2017.

[5] 费孝通. 费孝通文集(第14卷)[M]. 北京: 群言出版社, 1999.

[6] 费孝通. 论人类学与文化自觉[M]. 北京: 华夏出版社, 2004.

[7] 费孝通. 文化与文化自觉[M]. 北京: 群言出版社, 2016.

[8] 费孝通. 乡土中国[M]. 北京: 生活·读书·新知三联书店, 1985.

[9] 冯亚琳. 文化记忆理论读本[M]. 北京: 北京大学出版社, 2012.

[10] 谷明光. 文化自觉与辩证思维[M]. 长沙: 湖南大学出版社, 2004.

[11] 韩永进. 新的文化自觉[M]. 北京：文化艺术出版社，2008.
[12] 贺雪峰. 新乡土中国(修订版)[M]. 北京：北京大学出版社，2013.
[13] 胡彬彬，李向军，王晓波. 中国传统村落保护调查报告[M]. 北京：社会科学文献出版社，2017.
[14] 黄平. 乡土中国与文化自觉[M]. 北京：三联书店，2007.
[15] 李鹏程. 当代文化哲学沉思[M]. 北京：人民出版社，1994.
[16] 李三虎. 自主创新的话语建构——从意识形态到创新文化自觉[M]. 北京：社会科学文化出版社，2012.
[17] 李述一. 文化的冲突与抉择[M]. 北京：人民出版社，1981.
[18] 李小娟. 文化的反思与重建[M]. 哈尔滨：黑龙江人民出版社，2002.
[19] 李佐军. 中国的根本问题[M]. 北京：中国发展出版社，2000.
[20] 梁漱溟. 乡村建设理论[M]. 上海：上海人民出版社，2006.
[21] 梁漱溟. 中国文化要义[M]. 上海：上海人民出版社，2005.
[22] 刘建荣. 当代中国农民道德建设研究[M]. 北京：群众出版社，2007.
[23] 罗荣渠. 现代化新论[M]. 北京：北京大学出版社，1993.
[24] 庞朴. 文化的民族性与时代性[M]. 北京：中国和平出版社，1988.
[25] 钱穆. 中国文化史导论[M]. 台北：中正书局，1951.
[26] 任仲文. 觉醒使命担当——文化自觉十八讲[M]. 北京：人民日报出版社，2011.
[27] 邵汉明主编. 中国文化研究 30 年(3 卷本)[M]. 北京：人民出版社，2009.
[28] 石中英. 知识转型与教育改革[M]. 北京：教育科学出版社，2002.
[29] 孙正聿. 哲学通论[M]. 沈阳：辽宁人民出版社，1998.
[30] 万俊人. 20 世纪西方伦理学经典(Ⅱ)[M]. 北京：中国人民大学出版社，2004.
[31] 王德如. 课程文化自觉论[M]. 北京：人民出版社，2007.
[32] 王沪宁. 当代中国村落家庭文化[M]. 上海：上海人民出版社，1991.
[33] 王斯福. 乡土社区的秩序[M]. 北京：高等教育出版社，2007.
[34] 温铁军. 新农村建设理论探索[M]. 北京：文津出版社，2006.
[35] 许苏民. 比较文化研究史[M]. 昆明：云南人民出版社，1992.

[36] 许苏民. 文化哲学[M]. 上海：上海人民出版社，1990.
[37] 叶启绩. 全面建设小康社会的文化自觉[M]. 广州：中山大学出版社，2009.
[38] 余秀兰. 中国教育的城乡差异：一种文化再生产现象的分析[M]. 北京：教育科学出版社，2004.
[39] 张岱年，方克立. 中国文化概论[M]. 北京：北京师范大学出版社，2004.
[40] 张岱年. 文化的冲突与融合[M]. 北京：北京大学出版社，1997.
[41] 张岱年. 中国文化与文化争论[M]. 北京：中国人民大学出版社，1990.
[42] 周怡. 解读社会：文化与结构的路径[M]. 北京：社会科学文献出版社，2004.
[43] 庄锡昌. 多维视角中的文化理论[M]. 浙江：浙江大学出版社，1987.

五、国外学者译著

[1] G·W·F·黑格尔. 历史哲学[M]. 王造时译. 北京：三联书店，1956.
[2] 阿尔贝特·施韦译. 文化哲学[M]. 陈泽环译. 上海：上海人民出版社，2008.
[3] 恩斯特·卡西尔. 人论[M]. 甘阳译. 北京：西苑出版社，2003.
[4] 哈拉尔德·米勒. 文明的共存[M]. 丽仔红译. 北京：新华出版社，2002.
[5] 马克斯·韦伯. 新教伦理与资本主义精神[M]. 于晓，陈维纲，等译. 北京：北京三联书店，1987.
[6] 古斯塔夫·庞勒. 乌合之众[M]. 冯克利译. 北京：中央编译出版社，2004.
[7] 本尼迪克特·安德森. 想象的共同体——民族主义的起源与散布[M]. 上海：上海世纪出版集团，2005.
[8] 查尔斯·赖特·米尔斯. 权力精英[M]. 南京：南京大学出版社，2004.
[9] 费正清. 美国与中国[M]. 张理京译. 北京：世界知识出版社，2003.
[10] 理查德·沃林. 文化批评的观念[M]. 张国清译. 北京：商务印书馆，2001.
[11] 塞缪尔·亨廷顿. 文明的冲突与世界秩序的重建[M]. 周琪，刘排，等译. 北京：新华出版社，2002.
[12] 泰勒·考恩. 创造性破坏：全球化与文化多样性[M]. 上海：上海人民出版社，2007.

[13] G·希尔贝克，N·伊耶. 西方哲学史[M]. 童世骏，等译. 上海：上海译文出版社，2004：262.

[14] 皮亚杰. 发生认识论原理[M]. 王宪钿等译，胡世襄等校. 北京：商务印书馆，1997.

[15] 阿格尼丝·赫勒. 现代性理论[M]. 李瑞华译. 北京：商务印书馆，2005.

[16] 维尔旨雷·帕累托. 精英的兴衰[M]. 刘北成译. 上海：上海人民出版社，2003.

[17] 阿诺德·汤因比. 历史研究[M]. 刘北成，郭小凌译. 上海：上海人民出版社，2000.

[18] 安东尼·吉登斯. 现代性的后果[M]. 田禾译. 南京：译林出版社，2000.

[19] 拉德克利夫·布朗. 社会人类学方法[M]. 夏建中译. 北京：华夏出版社，2002：57-58.

[20] 拉尔夫·达仁道夫. 现代社会冲突[M]. 林荣远译. 北京：中国社会科学出版社，2000.

[21] 路德维希·维特根斯坦. 文化和价值[M]. 北京：清华大学出版社，1998.

[22] 马丁·阿尔布劳. 全球时代[M]. 高湘泽，冯玲译. 北京：商务印书馆，2001.

[23] 齐格蒙特·鲍曼. 流动的现代性[M]. 欧阳景根译. 上海：上海三联出版社，2002.

[24] 齐格蒙特·鲍曼. 全球化[M]. 郭国良，徐建华译. 北京：商务印书馆，2001.

[25] 特瑞·伊格尔顿. 文化的观念[M]. 方杰译. 南京：南京大学出版社，2003.

六、外文参考文献

[1] Braisted Paul J. Cultural Cooperation：Keynote of the Coining Age [M]. New Haven：The Edward W. Hazen Foundation，1945.

[2] Edgar Andrew，Sedgwickeds Peter. Key Concepts in Cultural Theory [M]. London and New York：Routledge，1999.

[3] Edward Burnett Tylor. The Origins of Culture [M]. New York：Harper and Row，1958.

[4] Jorgen Hagerman. On Society and Politics[M]. London: Beacon Press, 1989.
[5] Julie F. Codell, Dianne Sachko Macleod. Orientalism Transposed: the Impact of the Colonies on British Culture[M]. Aldershot: Ashgate, 1998.
[6] King Margaret L. Western Civilization: A Social and Cultural History[J]. Prentice Hall, 2000.
[7] Kirk Russell. America's British Culture [M]. New Brunswick: Transaction Publishers, 1993.
[8] Lynne Tatlock, MattErlin. German Culture in Nineteenth-Century America: Reception, Adaptation, Transformation [M]. New York: Camden House, 2005.
[9] Mencher Samuel. Individualism in Modern Western Culture[J]. Southwestern Social Science Quarterly, 1947.
[10] Samuel P. Huntington. The Clash of Civilizations and the Remaking of world Order[M]. New York: Sinmon & Sehuster, 1996.
[11] Williams Raymond. Culture and Society 1780 - 1950 [M]. New York: Columbia University Press, 1983.
[12] Williams Raymond. The Long Revolution [M]. London: Broadview Press, 2001.

七、国内学术论文

[1] 陈晶莹. 习近平关于文化强国建设战略思想研究[D]. 浙江大学, 2018.
[2] 陈旭. 习近平新时代人类命运共同体思想实践价值研究[D]. 长春: 吉林大学, 2019.
[3] 丁恒杰. 文化的本质及结构分类[J]. 中州学刊, 1991(2): 48-51.
[4] 董成雄. 中国优秀传统文化的系统解读和传承建构[D]. 泉州: 华侨大学, 2016.
[5] 樊志辉, 周晓莹. 文化自觉与面向他者——当代中国哲学的建构与探索[J]. 社会科学战线, 2019(12): 9-15.
[6] 方克立. 费孝通与"和而不同"文化观[J]. 中国社会科学院研究生院学报, 2006(6): 5-9.

[7] 方李莉."文化自觉"与"全球化"发展——费孝通"文化自觉"思想的再阐释[J]. 民族艺术, 2007(1): 80-87.

[8] 费孝通. 百年中国社会变迁与全球化过程中的"文化自觉"——在"21世纪人类生存与发展国际人类学学术研讨会"上的讲话[J]. 厦门大学学报(哲学社会科学版), 2000(4): 5-11+140.

[9] 费孝通. 反思·对话·文化自觉[J]. 北京大学学报(哲学社会科学版), 1997(3): 15-22+158.

[10] 费孝通. 文化自觉的思想来源与现实意义[J]. 文史哲, 2003(3): 15-16+23.

[11] 封海清. 从文化自卑到文化自觉——20世纪20~30年代中国文化走向的转变[J]. 云南社会科学, 2006(5): 34-38.

[12] 顾海燕. 乡村文化振兴的内生动力与外在激活力——日常生活方式的文化治理视角[J]. 云南民族大学学报(哲学社会科学版), 2020, 37(1): 52-57.

[13] 郭湛, 王文兵. 文化自觉与社会秩序[J]. 甘肃社会科学, 2006(2): 13-16.

[14] 何兰萍, 殷红春, 杨勇. 乡村精英与乡村文化的建设[J]. 天津大学学报(社会科学版), 2009, 11(6): 542-545.

[15] 洪晓楠. 建设社会主义文化强国需要五种力[N]. 光明日报, 2013-07-11.

[16] 胡海波. 马克思恩格斯文化观研究[D]. 长春: 东北师范大学, 2010.

[17] 胡显章. 全球化背景下的文化多样性与文化自觉[J]. 清华大学学报(哲学社会科学版), 2007(3): 140-144.

[18] 奂平清. 费孝通的"和而不同"与"天下大同"思想——兼论民族研究的文化自觉与理论自觉[J]. 学海, 2014(4): 24-32.

[19] 黄捷. 文化自觉发展路径研究[J]. 广西师范学院学报(哲学社会科学版), 2019, 40(2): 52-55.

[20] 黄艳凤. 生态文化: 内涵、价值、培育[D]. 苏州大学, 2009.

[21] 江立华. 乡村文化的衰落与留守儿童的困境[J]. 江海学刊, 2011(4): 108-114+238-239.

[22] 金丽. 中国哲学：创造性转化与大众实践[D]. 中国科学技术大学，2013.
[23] 乐黛云. 和谐社会与文化自觉[J]. 广东社会科学，2006(6)：48-52.
[24] 李睿. 中国共产党文化自觉研究[D]. 兰州：兰州大学，2014.
[25] 李艳，杨晓慧. 文化自觉的内在逻辑[J]. 高校理论战线，2013(2)：26-30.
[26] 李永胜，张紫君. 文化自觉、文化自信、文化创新与文化自强[J]. 北京工业大学学报(社会科学版)，2019，19(6)：90-96.
[27] 刘灿姣，阳利新. 我国非物质文化遗产数字化保护的研究述评[J]. 图书馆，2016(2)：15-20.
[28] 卢风. 整体主义环境哲学对现代性的挑战[J]. 中国社会科学，2012(9).
[29] 麻国庆. 民族村寨的保护与活化[J]. 旅游学刊，2017，32(2)：5+7+6.
[30] 潘家恩，杜洁. 中国乡村建设研究述评[J]. 重庆社会科学，2013(3)：48-54.
[31] 屈云东，周竹君. 高源土陶的生产性传承与艺术介入创新研究[J]. 装饰，2019(11)：138-139.
[32] 屈云东，朱力，毛寒. 视觉信息跨媒介传达的形态演变及其生成逻辑探究[J]. 湘潭大学学报(哲学社会科学版)，2018，42(6)：146-150.
[33] 屈云东. 媒介融合下的视觉跨媒介传播及其动力模式[J]. 吉首大学学报(社会科学版)，2019，40(6)：136-142+151.
[34] 王冠文. 生态文明视角下生态文化建构探究[D]. 大连海事大学，2014.
[35] 王孟图. 从“主体性”到“主体间性”：艺术介入乡村建设的再思考——基于福建屏南古村落发展实践的启示[J]. 民族艺术研究，2019，32(6)：145-153.
[36] 王筱卉，朱力. 话语失序与乡村聚落空间重构研究[J]. 湘潭大学学报(哲学社会科学版)，2019，43(6)：104-109.
[37] 王泽应. 祛魅的意义与危机——马克斯·韦伯祛魅观及其影响探论[J]. 湖南社会科学，2009(4)：1-8.
[38] 韦顺国. 广西桂西资源富集区乡村文化建设研究[D]. 西安：陕西师范大学，2014.
[39] 温铁军. 中国大陆的乡村建设[J]. 开放时代，2003(2).

[40] 吴理财，解胜利.文化治理视角下的乡村文化振兴：价值耦合与体系建构[J].华中农业大学学报(社会科学版)，2019(1)：16-23+162-163.
[41] 肖唐镖.乡村建设：概念分析与新近研究[J].求实，2004(1)：88-91.
[42] 谢旭斌，李雪娇.传统村落"文化母本"的生成与转化[J].湖南大学学报(社会科学版)，2019，33(5)：126-133.
[43] 徐丽葵.乡村文化资源传承创新的三重向度——以乡村振兴战略为背景[J].广西社会科学，2019(12)：152-156.
[44] 徐顽强，王文彬.乡村振兴的主体自觉培育：一个尝试性分析框架[J].改革，2018(8)：73-79.
[45] 徐学庆.社会主义新农村文化建设研究[D].华中师范大学，2007.
[46] 晏振宇，孙熙国.传统文化创造性转化路径的思考[J].中国特色社会主义研究，2015(6)：58-61.
[47] 云杉.文化自觉文化自信文化自强——对繁荣发展中国特色社会主义文化的思考(上、中、下)[J].红旗文稿，2010(15)(16)(17)：4-8，4-8，4-9.
[48] 张雷声.文化自觉、文化自信与社会主义核心价值体系[J].思想理论教育导刊，2012(1)：8-9.
[49] 张岂之.关于文化自觉与社会发展的几点思考[J].西北大学学报(哲学社会科学版)，2002(4)：5-9.
[50] 张冉.文化自觉论[D].华中科技大学，2011.
[51] 张艳涛，吴美川."百年未有之大变局"之哲学分析[J].吉首大学学报(社会科学版)，2020，41(1)：8-14.
[52] 张昭军.近代中国的"文化自觉"[J].北京师范大学学报(社会科学版)，2007(1)：82-87.
[53] 赵霞.乡村文化的秩序转型与价值重建[D].河北师范大学，2012.
[54] 赵旭东.变奏中的乡土设计——后文化自觉时代艺术人类学的乡村应用[J].社会科学，2019(10)：61-75.
[55] 郑佳明.中国社会转型与价值变迁[J].清华大学学报(哲学社会科学版)，2010(1).
[56] 郑学刚. 中国文化软实力提升研究[D].中共中央党校，2018.

[57] 钟祥财. 从“文化自觉”看当代中国乡村经济及其发展趋向——费孝通学术历程和方法论的一个重要特质[J]. 西部论坛, 2019, 29(6): 1-7.

[58] 周军. 中国现代化进程中乡村文化的变迁及其建构问题研究[D]. 长春: 吉林大学, 2010.

[59] 朱力, 王筱卉. 乡村视听审美的生态沉思[J]. 湖南大学学报(社会科学版), 2019, 33(3): 122-126.

[60] 朱力, 张嘉欣. 高椅古村人居环境生态管理探析[J]. 装饰, 2019(11): 132-133.

[61] 邹广文. 论文化自觉的三重意蕴[J]. 中国特色社会主义研究, 2012(2): 59-62+74.

[62] 左高山, 胡蝶花. 道德相对主义: 论争与价值[J]. 伦理学研究, 2017(5): 20-27.

[63] 左高山, 涂亦嘉. 国家治理中的核心价值观与法治建设[J]. 当代世界与社会主义, 2017(4): 37-42.

后 记

本书是在我的博士论文基础之上进一步修改、调整、补充而成。该博士论文获得2022年中南大学优秀博士学位论文，也是教育部人文社会科学研究规划基金项目(18YJA760041)提供资助的一个成果。本书虽花费诸多心血写就，但行笔至文末，仍有许多未竟之语不知如何表达，依此惴惴之心，暂且化为激励我日后努力修正和继续完善的动力。

感谢我的博士生导师朱力教授对本书的悉心指导，他对待学术的严谨和执着，对待学生的关心和负责，让我看到了学术的力量、学者的良心，能够和朱老师亦师亦友使我感受到他的可亲可敬、外冷内热。感谢中南大学左高山教授和湖南师范大学胡师正教授，在我写作陷入迷茫之际，他们一语中的指出问题所在，让我辨识出写作方向，在此仅以一句单薄的感谢，不足以表达心里感念之万一。

感谢我的母亲，她年迈体衰、行动不便，却常常给我来电嘘寒问暖、疼爱有加，使我已届不惑、几近知命仍能“老夫聊发少年狂”。我前行的每一步都离不开她的默默支持和无私奉献，正是母亲在背后莫大的支持和关爱，让我有足够精力去完成繁重而艰难的写作任务。然我独自在外求学、工作数十载有余，常与母亲聚少离多，孝道未尽，实愧不能言。特别感谢我的妹妹屈云辉对父母的照顾，她放弃高薪工作，专职照料双胞胎孩儿和双亲数十载，没有她的细心呵护，我也无法安心工作和学习。感谢我的妻子毛寒教授，是她对我的工作和生活一直在背后默默付出和支持，尤其是在新冠肺炎流行的艰难时刻，我们闭门两月未出，正是她每日精心制作的美食，为我的写作冲刺注入了巨大能量。今生执子之手，终生无悔无憾。特别感谢我的儿子屈子涵，他正在读大学，他的高大帅气、聪明好学、独立自主和善解人意，减轻了我的牵挂和后顾之忧，使我有更多的精力专心写作，给我带来了实现理想的无限激情和勇气。

感谢湖南省委宣传部出版处张云峰处长对本书的指导和大力支持，感谢中南大学出版社吴湘华社长和陈应征主任、刘莉编辑为本书出版所付出的努力，他们对学术出版的热情和负责令人敬佩。另外，我还要特别感谢湖南师范大学出版社的周基东美编，他是我多年的老友，正是他不厌其烦地对本书进行精美设计，才使得本书看起来颇有“颜面”。

拙著付梓之际，回望近三十年的学术生涯，万般感慨，涌荡心间。本书写作的艰难经历，也必将成为我人生中不可磨灭的永恒记忆，成为我人生旅途中重要的组成部分。

言辞有尽，敬谢无穷。春花秋月可常驻，不负年华不负卿。在未来的日子里，我将铭记师恩、亲情、友情，砥砺前行，以实际行动来回报大家对我的关爱。世事日新，学海无涯。很多问题还需要在以后的岁月中多花时日努力求索，所以本书的不足之处敬请读者、专家批评指正。

屈云东

2023 年 5 月 22 日

长沙 · 阳光 100 后海

图书在版编目(CIP)数据

乡村建设的文化自觉研究 / 屈云东著. —长沙：
中南大学出版社，2023.8
ISBN 978-7-5487-5216-5

Ⅰ. ①乡… Ⅱ. ①屈… Ⅲ. ①农村文化—文化事业—建设—研究—中国 Ⅳ. ①G127

中国版本图书馆 CIP 数据核字(2022)第 229343 号

乡村建设的文化自觉研究

XIANGCUN JIANSHE DE WENHUA ZIJUE YANJIU

屈云东　著

□**出 版 人**　吴湘华
□**责任编辑**　刘　莉
□**责任印制**　唐　曦
□**出版发行**　中南大学出版社
社址：长沙市麓山南路　　邮编：410083
发行科电话：0731-88876770　　传真：0731-88710482
□**印　　装**　湖南省众鑫印务有限公司

□**开　　本**　710 mm×1000 mm 1/16　□**印张** 13　□**字数** 215 千字
□**版　　次**　2023 年 8 月第 1 版　□**印次** 2023 年 8 月第 1 次印刷
□**书　　号**　ISBN 978-7-5487-5216-5
□**定　　价**　98.00 元